미학적
인간으로
살아가기

미학적
인간으로
살아가기

창조적인
나를 찾아가는
인문학 강의

최광진 지음

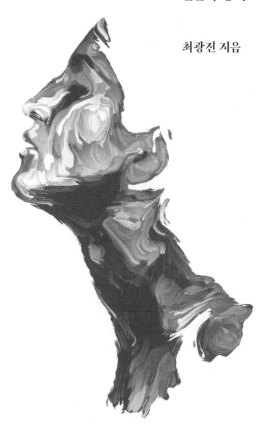

ⓒ현암사

미학적 인간으로 살아가기

초판 1쇄 발행 2020년 11월 10일
초판 4쇄 발행 2024년 10월 15일

지은이   최광진
펴낸이   조미현

책임편집   정예인
디자인   한미나

펴낸곳   (주)현암사
등록   1951년 12월 24일·제10-126호
주소   04029 서울시 마포구 동교로12안길 35
전화   02-365-5051
팩스   02-313-2729
전자우편   editor@hyeonamsa.com
홈페이지   www.hyeonamsa.com

ISBN 978-89-323-2088-5   03100

인공지능 시대의
가장 인간다운 인간상

'미학적 인간'이라는 주제가 과연 사람들에게 어필할 수 있을까? 솔직히 이 점에 대해서는 자신이 없다. 우리 사회에 미학에 대한 인식이 부족하고, 대부분 미학을 고상한 취미를 가진 사람들의 특별한 분야 정도로 생각하기 때문이다. 그러나 이 책에서 내가 말하고자 하는 미학의 의미를 이해한다면, 그러한 편견을 바꾸게 되리라고 생각한다. 나는 미학이 오늘날 현대 사회에서 우리가 당면한 많은 문제를 해결하고, 우리도 모르게 감염된 정신적 바이러스를 치유할 수 있는 백신 역할을 할 수 있다고 생각한다.

사람들은 코로나 바이러스처럼 우리에게 치명적인 위협이 가해질 때 비로소 치료제와 백신 개발에 몰두한다. 그렇게 해서는 치료의 때를 놓쳐 재앙을 피하기 어렵다. 더 큰 문제는 치명적인 바이러스에 감염되었음에도 인지하지 못하는 경우다. 심각한 바이러스에 감염되어 있어도 감염된 사람이 너무 많으면 그것을 정상이라고 착각한다. 우리의 영혼이 좀비처럼 변해도 스스로 정상이라고 생각하면 백신 개발의 필요조차 느끼지 못할 것이다.

오늘날 치솟는 자살률과 만연한 우울증, 최저로 떨어진 출생률, 매일 언론을 장식하는 부조리하고 패륜적인 사건은 우리 사회가 알게 모르게 심각한 정신적 바이러스에 감염되었다는 증거다. 이 격변하는 시대의 전환기가 지나면 세상은 분명 달라져 있을 것이다. 이미 시작된 비대면 문화는 우리 삶의 모습을 송두리째 바꿔놓고 있다. 이제 우리 스스로 변하지 않으면 공룡처럼 도태될지도 모른다.

미래학자들은 4차 산업혁명으로 새로운 시대가 열린다고 말한다. 그것은 반박하기 어려운 분명한 사실이다. 과학은 후퇴를 모르고 기계는 인간화를 지향하기 때문이다. 이제 인공지능을 장착한 로봇이 많은 부분에서 인간의 일을 대신하게 될 것이고, 근로는 로봇의 도덕으로 변할 것이다. 이로 인해 사람들은 고도의 물질문명의 혜택을 누리게 될 것이다. 그러면 인간은 과연 지금보다 더 행복해질 수 있을까?

나는 아니라고 생각한다. 인간의 일을 로봇이 대신함으로써 많은 실직자가 양산될 것이고, 사람들은 이제 새로운 라이벌인 로봇과의 경쟁에서 승리해야 생존할 수 있기 때문이다. 더 중요한 문제는 노동시간이 줄어듦으로써 인간은 많은 여가를 얻게 되겠지만, 여가가 행복을 보장하지는 않는다는 것이다. 평생 일에서 보람을 찾던 사람들에게 자유와 여가는 오히려 헤어날 수 없는 권태를 부를 수 있다. 백수의 자유는 아무나 누릴 수 있는 게 아니다.

권태를 극복하기 위해 인간은 오락과 쾌락적 문화에 빠져들게 되겠지만, 그럴수록 근원적 행복에서 멀어지게 될 것이다.

미학은 바로 그러한 근원적 행복을 위한 학문이다. 과학이 보편적 진리를 추구하고 도덕이 선악을 판단할 수 있는 양심을 추구한다면, 미학은 쾌와 불쾌의 감정을 통해 인간의 근원적 행복을 추구한다. 미학적 쾌감은 감각적 쾌감이나 지적인 만족감과 달리 인간 본성에서 우러나는 근원적 쾌감이다.

내가 생각하는 '미학적 인간'은 타자들과 감성으로 교류하고 조화될 수 있는 본성의 공감 능력을 지닌 사람이다. 그는 사심 없는 태도로 타자를 접하기에 타자를 직관으로 통찰하고 왜곡 없이 이해할 수 있다. 이기적인 욕심과 권력욕을 가진 '정치적 인간'은 자신의 이익을 우선하므로 공감 능력이 떨어질 수밖에 없다. 또 생활의 개선을 위해 법칙을 찾아내는 '과학적 인간'은 자칫 경직된 형식과 지식에 갇힐 수 있다. 사회적 관습과 형식을 맹목적으로 추종하는 '노예적 인간'은 주체성 없이 의존적인 삶을 살 수밖에 없다. 그러나 미학적 인간은 사회적 규범이나 관습적 형식에 얽매이지 않는 주체성과 번뜩이는 영감으로 창의적인 삶을 살아간다.

기계가 인간이 되고자 한다면, 인간은 신이 되고자 한다. 신의 가장 위대한 속성은 창조성이다. 미학적 인간은 인공지능이 넘볼 수 없는 창조성으로 지혜로운 판단을 하고, 따스한 인정으로 타인과 소통하고 교감하는 사람이다. 또 자신의 잠재 능력을 극대화하여 자아실현을 이루고, 남이 흉내 낼 수 없는 고유한 개성으로 제 빛깔을 내는 멋진 사람이다. 그는 항상 삶을 긍정하고 불필요한 비교로 위축되거나 열등감을 가지는 일 없이, 가장 자기다운 삶을 살아간다.

이런 사람들이 사는 사회라면 강제적 법과 규범이 필요 없을 것이다. 타자에게 공감할 수 있기에 남이 싫어하는 일을 하려 하지 않고, 남이 필요로 하는 일을 하려고 할 것이기 때문이다. 이런 사람들이 사는 사회라면 빈부 격차가 저절로 해소될 것이다. 타인에 대한 공감 능력이 있으면 남의 행복을 자신의 행복으로 여길 것이기 때문이다. 이런 사람들이 사는 사회라면 차별이 없는 평등한 사회일 것이다. 진정한 평등은 획일화가 아니라 개성과 차이를 확보할 때 이루어지기 때문이다. 미학적 인간은 실패한 공산주의와 부패한 자본주의 바이러스를 치유할 수 있는 이상적인 대안이다.

미학적인 민족은 강대국의 식민지에서 벗어나 자생적인 문화를 꽃피워 국제사회에 이바지할 것이다. 그들이 추구하는 민족주의는 문화의 시대를 선도할 원동력이 될 것이다. 과거 정치적 민족주의는 약육강식의 전체주의적 야망에서 자민족의 우월성을 자극하여 타민족과의 전쟁 명분을 만드는 폭력적인 이데올로기였다. 그러나 문화적 민족주의는 자생적 문화를 통해 인간을 행복하게 하는 콘텐츠를 수출함으로써 타민족에게도 유익을 제공한다. 이것이 바로 새로운 시대의 경쟁력이다.

도래할 문화의 시대 키워드는 '행복'이다. 인간의 근원적 행복은 물질적인 만족이나 감각적인 쾌감에서 오는 게 아니라 미적 쾌감에서 비롯된다. 불쾌감이 타자와의 분리와 소외의 증상이라면,

미적 쾌감은 타자와의 합일에서 오는 사랑의 감정이다. 문화의 시대에는 누가 얼마나 인간을 행복하게 해줄 콘텐츠를 생산할 수 있느냐가 성공을 좌우한다. 미학적 인간은 그러한 문화의 시대를 주도할 창의적인 인간상이다.

4차 산업혁명과 문화의 시대는 같이 가는 것이다. 이 새로운 시대를 대비하여 미학적 인간의 조건을 갖추는 것은 생존에 필수적이다. 그렇지 않으면 인간은 로봇에게 주도권을 빼앗기고 오히려 로봇의 노예로 전락할지도 모른다. 미학적 인간은 기계와 인공지능이 접근하기에 가장 멀리 떨어져 있는 '인간다운 인간상'이다.

이러한 미학적 인간이 요청되는 시대적 상황을 조명하기 위해 이 책의 1강에서는 혼란스러운 동시대의 사회변동을 거시적으로 살펴보았다. 과학적 이성이 중시된 모던 시대가 끝나고 미학적 감성이 중시되는 포스트모던의 상황을 철학, 예술, 경제, 정치 순으로 고찰함으로써 그 혼돈의 가장자리에서 미학이 중심이 되는 문화의 시대가 열리고 있음을 확인할 수 있었다.

2강에서는 학문적으로 미학의 태동 과정과 그 의의를 살피고자 칸트의 비판철학을 다루었다. 진·선·미를 위계적으로 인식해온 서양철학은 칸트에 의해 비판적으로 수정되었고, 그 과정에서 미학이 탄생하게 된다. 나는 오늘날 현대인의 불행이 인간 본성의 삼위일체라고 할 수 있는 진·선·미의 불균형에서 비롯되었다고 진단한다. 이러한 불균형을 회복하기 위해 미학이 시대정신으로 요청되고 있음을 주장했다.

3강에서는 내가 생각하는 '미학적 인간'의 조건을 다루기 위해 형식을 대하는 태도에 따라 인간을 네 종류로 분류했다. 형식을 '만드는' 과학적 인간, 형식을 '이용하는' 정치적 인간, 형식을 '추종하는' 노예적 인간과 달리 미학적 인간을 굳은 형식을 '자유롭게 하는' 인간으로 정의했다. 그런 관점에서 인류의 모델로서 추앙하는 사대성인들의 삶이 바로 권력화된 관습적 형식을 자유롭게 한 미학적 실천이었음에 주목했다.

4강에서는 미학적 인간의 보증수표라고 할 수 있는 '창조력'의 작동 원리와 그 메커니즘을 다루었다. 창조는 단단하게 굳은 관습적 형식을 녹여서 자유롭게 하는 고도의 의식 활동이어서 의식의 충전 없이는 불가능하다. 그래서 순수의식을 충전하기 위한 수단으로서 철학에서의 현상학적 환원과 불교에서 참선의 원리를 살펴보았다.

5강에서는 미학적 인간의 실천적 행위로서 예술에 관해서 다루었다. 여기서는 미와 예술의 관계와 더불어 예술이 우리 삶에서 어떤 긍정적 임무를 수행할 수 있는지를 살폈다. 이를 위해 니체와 베르그송, 퐁티, 들뢰즈 같은 현대 철학자의 사상을 통해 예술이 철학의 주제로 부각되고 있음을 고찰했다. 그리고 예술이 인간의 직관과 감각 능력을 향상시켜 자기 개혁을 이루어내도록 할 수 있음을 주장하였다.

이상의 내용은 내가 운영하는 이미지연구소와 한얼아카데미에서 했던 강의를 토대로 한 것이다. 그래서 강의실 칠판에 그렸던 도표를 그대로 실어 독자들의 이해를 도왔고, 학생들과 토론한 내용도 함께 실었다. 소수지만 내 강의를 경청해준 그들의 공감과 지지에 항상 감사하는 마음이다. 이 책은 그 모임에 우연히 참석한 현암사의 조미현 대표의 격려로 출간까지 이루어질 수 있었다. 지금은 비대면으로 강의를 이어가며 유튜브 〈최광진의 미학 방송〉을 통해 일부를 공개하고 있다.

시대의 계절은 확연히 봄기운이 느껴지는데, 우리의 현실은 겨울의 냉기가 여전하여 몸이 움츠러든다. 어려운 출판 현실에서도 인기 없을 책을 선뜻 내겠다며 지지해준 현암사에 고마움을 전한다. 하지만 마스크가 현대인의 새로운 패션이 되리라고 누가 예상할 수 있었겠는가.

2020. 11.
한아 최광진

차례

코로나 이후의
사회변동과 미학적 대안

혼돈의 가장자리에서

○

지금 우리 사회는 불과 몇십 년 전과 비교할 수 없을 정도로 빠르게 변하고 있습니다. 과거보다 변화의 속도가 점점 빨라져 10년 후를 상상하기 어려울 정도입니다. 이럴 때일수록 거시적인 변화의 흐름을 읽고 대처하는 지혜가 필요합니다. 남의 눈치를 보면서 뒤꽁무니를 따라가다 보면 낭패를 보기 쉽습니다. 다수가 가는 길이 반드시 옳은 길은 아니기 때문입니다. 다수결의 원칙이 유효하려면 먼저 다수가 제정신이라는 것이 전제되어야 하는데, 그것을 장담하기 어렵습니다. 역사를 되돌아보면, 비정상으로 보이는 소수의 선구자가 시대를 이끌어왔습니다. 중요한 것은 다수냐 소수냐의 문제가 아니라 변화의 방향이 시대정신에 부합하느냐 그렇지 못하느냐 하는 점입니다.

겨울이 지나면 어김없이 봄이 오고, 봄이 되면 약속이나 한 듯나무들이 너도나도 꽃망울을 터트립니다. 우리 사회도 이와 같은

데, 이러한 변화를 이끄는 힘을 시대정신이라고 합니다. 시대정신을 파악하고 변화에 적응한다면 우리는 도태되지 않고 살아남을 수 있습니다. 공룡이 멸종한 이유는 힘이 약해서가 아니라 변화하는 환경에 적응하지 못했기 때문입니다.

가을에 낙엽이 지는 것은 수분과 햇빛이 부족한 겨울을 나기 위한 혹독한 구조 조정입니다. 낙엽은 자신의 희생을 통해서 나무를 살리는 부활의 알레고리입니다. 이른 봄에 추위를 이기고 핀 꽃이나, 가을에 노랗고 붉게 물든 단풍이 아름다운 이유는 그 빛깔 때문만이 아니라 환경에 따라 적절한 변화를 이루어냈기 때문입니다.

자연은 끝없이 변화하기에 영원하고,

인간은 집착하기에 유한하다.

미래의 변화 방향을 정확하게 예측하고 적응하는 것은 생존을 위한 필수 조건입니다. 오지 않은 미래의 변화 방향을 예측하려면 변화의 주기와 패턴을 알아야 합니다. 우리가 낮과 밤의 변화나 계절의 변화를 예측할 수 있는 것은 반복되는 패턴을 경험했기 때문입니다. 그래서 여름이 지나면 계속 더워지는 것이 아니라 서늘한 가을이 온다는 걸 알고 두려움 없이 대응할 수 있는 것입니다. 그러나 역사의 주기는 몇십 년이 될 수도 있고, 몇백 년, 몇천 년이 될 수도 있기에 주기 파악이 어렵습니다. 이것이 우리가 역사를 공부해야 하는 이유입니다.

지금 우리가 사는 시대는 물질문명에서 정신문명으로 바뀌는
거대한 문명의 전환기라고 할 수 있습니다. 이러한 환절기에는 시
대정신의 변동이 급격하게 느껴져서 적응하기가 쉽지 않습니다.
날씨가 계속해서 덥거나 계속해서 추우면 그에 따른 대비를 할 수
있는데, 수시로 오락가락하면 적응하기가 더 어렵습니다. 그래서
적응력이 떨어지는 노인들은 더더욱 환절기 건강에 유의하라고
하는 것입니다.

　시대적인 환절기에는 확고하게 믿었던 기존의 가치관과 새로
운 가치관이 공존하며 혼재하기에 필연적으로 혼돈이 일어나게

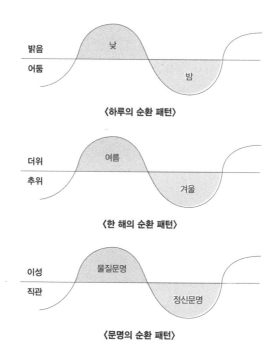

〈하루의 순환 패턴〉

〈한 해의 순환 패턴〉

〈문명의 순환 패턴〉

됩니다. 우리는 혼돈을 부정적으로 생각하지만, 새로운 질서의 싹이 되기에 반드시 부정적인 것만은 아닙니다. 음양이 순환하는 자연에서 환절기를 피할 수 없듯이, 문명의 전환기에 혼돈은 새로운 시대를 위해 필연적으로 거쳐야 하는 과정입니다.

혼돈은 질서의 반대가 아니라 질서의 시작이다.

밤이 깊어지면 새벽의 여명이 시작되듯이, 새로운 질서는 언제나 혼돈에서 시작됩니다. 자연에서 혼돈이 극에 달했다는 건 새로운 질서가 가까워졌음을 의미합니다. 인간이 불안해하는 것은 이러한 자연의 섭리를 신뢰하지 않기 때문입니다. 우리는 종종 혼돈과 불행을 동일시하는 경향이 있는데, 그것은 매우 인위적인 관념입니다. 자연에서 생명은 언제나 불확실성이 가득한 혼돈의 가장자리에서 창발합니다.

불행은 행복의 반대가 아니라 행복의 시작입니다. 어둠이 깊어지면 새벽이 오듯이 삶의 불행이 깊어졌다는 것은 새로운 행복이 시작된다는 것을 의미합니다. 불행을 두려워하여 피하려고 하면 새로운 도약이 불가능합니다. 혼돈 없는 안정은 권태와 도태를 부르지만, 스스로 혼돈을 창출하고 긍정으로 받아들이는 사람에게 불행은 나쁜 게 아니라 새로운 도약의 시작입니다.

최근 주목받고 있는 복잡계 과학은 생물계에서 혼돈의 가치를 새롭게 조명하고 있습니다. 스튜어트 카우프만은 『혼돈의 가장자리』(1995)에서 생명은 변화와 안정 사이에서 균형을 맞추며 살아가는데, 변화가 너무 심해 감당하지 못할 혼돈이 일어나면 생명체가 해체되지만, 반대로 너무 변화가 없이 안정되어도 멸종한다고 말합니다. 자연은 '혼돈의 가장자리'에서 무질서로 나아가 해체되지 않고, 새 질서로의 '자기조직화'를 이루어냅니다.

혼돈의 가장자리는 변화의 분기점인데, 이를 '임계criticality'라고도 합니다. 물이 얼음으로 변하는 섭씨 0도나, 물이 수증기로 변하는 섭씨 100도가 임계입니다. 질서에서 혼돈으로 혹은 혼돈에서 질서로 변화하는 지점에 임계가 있고, 임계는 혼돈의 가장자리이면서 동시에 질서의 가장자리이기도 합니다. 자연은 혼돈을 두려워하지 않습니다. 혼돈이 극에 달해 임계에 이르러야 새로운 자기조직화로 나아간다는 것을 본능적으로 알기 때문입니다.

이것이 우리 사회에서 보수주의자와 진보주의자가 명심해야 하는 지점입니다. 진보를 추구하다가 감당하지 못할 혼돈이 일어나면, 즉 새로운 자기조직화를 이루지 못하면 파멸하고 말 것입니다. 반대로 보수가 혼돈을 두려워하여 안정을 지키려고만 하면 부패하고 도태하게 됩니다. 보수나 진보는 서로 대립하는 게 아니라 서로에 의해서 존립합니다.

진보는 보수가 추구하는 안정이 지나쳐 부패하고 도태되지 않도록 견제하고, 보수는 진보적 개혁이 파멸로 나아가지 않도록 견제해야 새로운 사회로의 자기조직화를 이룰 수 있습니다. 한 개인의 삶에서도 진보적 개혁과 보수적 안정의 균형 감각이 매우 중요합니다.

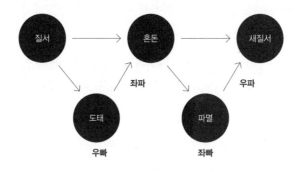

생명(사회)의 진화 과정

　우리가 경계해야 할 대상은 진보적 좌파나 보수적 우파가 아니라 편협한 형식과 진영 논리에 갇힌 '좌빠'와 '우빠'입니다. 그들은 상대를 포용할 줄 모르며 극단적이고 이분법적 논리로 선악을 나누고 상대를 적대시합니다. 항상 진보적 좌파는 열렬한 좌빠에 의해 파멸하고 우파는 열렬한 우빠에 의해 도태됩니다. 훌륭한 정치인은 파보다 때를 중시합니다. 자연이 위대한 것은 때에 따라 변하기 때문입니다. 이것이 자연스러운 것입니다.

　하루는 밝음과 어둠이 순환합니다. 밤이 되어 어둠이 임계에 이르면 계속 어두워지는 것이 아니라 서서히 밝아지기 시작합니다. 한 해는 더위와 추위가 순환합니다. 겨울이 되어 임계에 이르면 계속 추워지는 것이 아니라 서서히 더워지기 시작합니다. 인류의 문명도 그러한 패턴이 있습니다. 이성적인 물질문명이 발달하여 임계에 이르면 서서히 직관적인 정신문명으로 전환하게 되는 것입니다.

지금 우리는 서양이 이끌었던 물질문명의 시대에서 동양이 이끌게 될 정신문명의 시대로 전환하는 환절기를 보내고 있습니다. 시대적 환절기에서 혼돈은 구시대의 종말이자 새 시대의 시작입니다. 오늘날 이러한 혼돈을 문화적 용어로 품위 있게 '포스트모던'이라고 부릅니다. 이제 포스트모던도 점점 가장자리에 도달하고 있지만, 우선 모던에서 포스트모던으로 넘어가는 변화의 방향을 알아야 새로운 시대를 예측할 수 있을 것입니다.

모던의 임계에서
포스트모던이 열리다

인류 역사에서 근대modern는 과학적 이성이 꽃피운 시기였습니다. 18세기에 성행한 계몽주의는 우리 삶에서 비과학적인 신비주의와 신화적 사고를 몰아냈습니다. 이러한 흐름에서 과학과 합리주의는 모든 삶의 문제를 해결해줄 만능열쇠처럼 여겨졌고, 실제로 많은 사회 개혁을 성공적으로 이루어냈습니다.

근대의 이러한 시대정신은 사회적으로 봉건제도의 불평등한 사회구조를 개혁하고 자유민주주의로 나아가는 데 이바지했습니다. 또 종교에 종속되어 있었던 과학과 예술이 독립하여 자율성을 성취하고, 모든 분야에서 분화가 이루어졌습니다. 근대의 가장 강렬한 추동력은 '자율성'이었습니다. 이에 따라 모든 영역에서 분화가 이루어지고 순수성이 중요한 가치가 되었습니다.

또 과학적 합리주의는 민족주의에서 벗어나 보편적인 글로벌 가치로의 이행을 촉진시켰습니다. 문화적 전통과 역사가 짧은 미국이 세계의 주도권을 잡게 된 것도 미국의 건국이념이라고 할 수 있는 자유주의나 합리주의적 가치가 근대적 시대정신에 부합했기 때문입니다. 이러한 흐름에서 일찍이 정신문명을 꽃피웠던 동양은 서양의 물질문명의 위력에 눌려 낙후된 후진국이나 개발도상국으로 전락하였습니다. 그리고 시간이 지나면서 서양과 비슷하게 따라갔습니다.

그러나 근대가 임계에 도달할수록 혼란의 징후들이 나타나기 시작합니다. 산업혁명 이후 대량생산이 이루어지고 도시화가 진행되자 공해 문제와 위생 문제, 주택 문제와 빈부 격차 등의 사회 문제가 발생합니다. 부를 축적한 신흥 시민계급이 귀족들과 맞서 자신의 권리를 요구하면서 프랑스혁명이 일어났지요. 피비린내 나는 전쟁과 보복으로 사회가 혼란스러워지자 계몽주의의 합리적 이성은 의심받기 시작했습니다. 19세기 낭만주의는 서양에서 이성과 물질문명을 혐오하고 직관과 상상력을 통해 자연과 합일을 추구한 최초의 운동입니다.

산업혁명이 유럽 전역에 확산하여 대량생산이 이루어지자 물건이 남아도는 문제를 해결하기 위해 유럽 국가들은 식민지 개척에 앞장섰습니다. 20세기에 일어난 두 차례 세계대전은 식민지 쟁탈에 뛰어든 강대국들의 치열한 경쟁이 과열되어 일어난 것입니다. 또 과학기술의 발달로 첨단 무기의 대량생산이 이루어지자 이 역시 소비되어야 할 필요가 생겼습니다. 의사는 환자가 있어야 먹고살고, 무기상은 전쟁이 터져야 먹고살 수 있습니다. 이것은 근대에 많은 전쟁이 일어났던 원인 중 하나입니다.

전쟁으로 수많은 사람이 무참히 살해되는 광경을 목격하면서 사람들은 이성에 대한 회의와 환멸을 느끼게 됩니다. 인간이 만든 과학기술이 오히려 인간의 생명과 존엄성을 심하게 훼손했기 때문입니다.

근대 물질문명이 끼친 또 다른 부작용은 자본주의가 발달하면서 인간마저 상품화하고, 배금주의가 팽배해졌다는 점입니다. 그래서 자신의 상품 가치를 높이기 위해 자아실현과는 무관한 학벌과 스펙 쌓기에 몰두하게 되었습니다. 이러한 경쟁 사회에서 행복한 사람은 아무도 없습니다. 2등은 1등이 못 되어 불행하고, 1등은 그 자리를 계속 지켜야 하기에 불안합니다. 인간의 행복을 위해 발전시킨 물질문명에 의해 오히려 인간이 물질의 노예로 귀속되면서 근대의 임계에 도달하게 된 것입니다. 그래서 20세기 중반에 나타난 새로운 문화적 흐름이 탈근대, 즉 포스트모던입니다.

모던이 질서의 시대라면, 포스트모던은
질서의 가장자리에서 개화된 혼돈의 시대다.

'포스트post'는 시간적인 '후기'만을 가리키는 게 아닙니다. 환절기처럼 기존의 질서가 붕괴하고, 새로운 질서가 나타나기 전의 혼돈 상태를 의미합니다. 기존의 가치와 새 시대의 가치가 공존하기에 혼란스러운 것입니다.

8월 말에서 9월 초는 '포스트섬머'라고 할 수 있는데, 이 시기는 여름 날씨와 가을 날씨가 공존합니다. 이때 여름을 대비하여 에어

컨을 사고 여름옷을 준비하는 사람은 없을 것입니다. 조금만 버티면 가을이 온다는 것을 알기 때문입니다. 마찬가지로 포스트모던 시대에 모던 시대를 준비하는 것은 어리석은 일입니다. 새 아파트를 지으려면 우선 오래된 아파트를 허물어야 합니다. 재건축을 앞둔 아파트가 허름해도 비싼 것은 새로운 비전이 반영되어 있기 때문입니다. 미래에 대한 비전이 있다면 지금의 혼돈과 불행은 전혀 문제가 되지 않습니다.

시대정신이 변하기 시작하면 모든 것이 변하지만, 분야별로 시간적 차이가 있습니다. 봄이 되면 모든 나무에서 꽃이 피지만, 지역과 종자에 따라 피는 시기가 다른 것과 마찬가지입니다.

**시대적 변화는 철학과 예술에서 먼저 시작되어
경제, 정치, 교육 분야로 번져나간다.**

철학이 변화를 주도하는 이유는 실용성을 따지지 않고 자유롭게 미래를 사유할 수 있기 때문입니다. 실제로 포스트모던 철학은 후기구조주의와 해체주의가 등장하는 1960년대에 등장하여 변화를 주도했습니다. 예술도 생존을 위한 투쟁에서 비교적 자유롭게 상상력을 발휘할 수 있기에 선구적인 예술가들이 시대를 이끌게 됩니다. 예술에서 포스트모던은 1960년대 팝아트부터 시작되어 1980년대 폭발적으로 번져나갔습니다.

경제 분야는 대중들의 수요에 의존해서 공급이 이루어져야 하기에 철학이나 예술보다 변화가 더딜 수밖에 없습니다. 대기업은 미래 먹거리를 위해서 투자할 수 있지만, 생존이 급한 중소기업은 수요가 뒷받침되지 않으면 지탱할 수가 없습니다. 스티브 잡스나 빌 게이츠 같은 사람은 예술적으로 시대를 앞서간 기업인으로 볼 수 있습니다.

정치 분야는 경제 분야보다 더 많은 대상의 공감을 얻어야 하기에 변화가 더딥니다. 정치는 철저하게 국민의 눈높이를 맞추어야 하고 유권자의 표를 의식하지 않을 수 없기에 너무 앞서나가지 못하는 것입니다. 교육이 가장 느린 이유는 학문으로 정착되려면 보편성과 객관성을 확보해야 하기 때문입니다. 증명이 안 된 이론이나 주관적 주장은 받아들이기 어렵습니다.

그럼 각 분야에서 진행되고 있는 포스트모던의 혼돈 양상을 순서대로 살펴보도록 하겠습니다.

철학의 혼돈:
경직된 이분법을 해체하다

철학에서 포스트모던은 1960년대 프랑스를 중심으로 전개된 후기구조주의 철학을 말합니다. 플라톤에서 시작한 서양의 형이상학 철학은 세계를 영원불변하고 완전한 이데아와 불완전한 현상계로 나눕니다. 이처럼 변화하는 자연 배후에 그것의 존재 근거로서 영원불멸하는 실재를 가정하는 형이상학은 서양인들의 오랜 사유 방식입니다. 이러한 사유가 만물의 창조자로서 신을 추종하는 중세 기독교 신학에도 수용되어 서양 사상의 바탕을 이루게 됩니다.

형이상학의 특징은 세계를 이분법으로 나누고, 둘 간의 우열 관계를 설정한다는 것입니다. 그래서 인간과 자연, 이성과 본능, 남성과 여성, 백인과 흑인 등으로 나누고 이를 우열 관계로 보았습니다. 이 관념은 비교할 수 없는 대상을 온전히 수용하지 않고 차별함으로써 많은 문제를 낳았습니다. 인간은 종종 차이를 차별로 생각하는 우를 범하곤 합니다.

인간의 모든 갈등은
차이를 차별로 대할 때 일어난다.

서양의 형이상학 철학은 차이로서 존재하는 세계를 거칠게 이분법으로 나누고 이들의 관계를 주종과 우열로 인식하게 함으로써 차별과 갈등을 일으켰습니다. 이것은 우리의 뇌 전두엽이 조작한 매우 인위적인 관념입니다. 이분법은 민족, 인종, 성, 계급, 빈부등에서 차이를 차별로 몰고 감으로써 심각한 사회적 갈등을 일으켰습니다. 이는 이성을 도구 삼아 타자를 지배하려는 이기주의적 정치 논리입니다.

아도르노와 호르크하이머가 『계몽의 변증법』에서 이를 '도구적 이성'이라고 부른 것은 그 때문입니다. 올바른 이성은 목적과 수단을 총체적으로 검토해야 하는데, 도구적 이성은 목적을 망각하고 이성을 정치적 도구로 이용함으로써 심각한 부작용을 초래합니다. 천만 명이 넘는 수용자를 잔인하게 고문하고 학살한 아우슈비츠 수용소의 비극은 바로 도구적 이성의 폐해입니다.

과학과 결탁한 근대 철학은 제2차 세계대전을 겪은 후, 실존주의로 넘어갑니다. 고도로 발달한 첨단 무기로 전쟁을 일으키고 인간을 잔인하게 학살하는 야만적 행동을 보면서 합리적 이성이 이상 세계를 가져다줄 거라는 기대가 사라지게 된 것입니다. 비합리적인 인간의 생을 중시한 실존주의는 관념적인 형이상학을 팽개치고 인간 존재와 현실적 의미를 구체적인 삶에서 파악하고자 했습니다. 그들은 인간의 구체적인 삶을 현상학적으로 생생하게 기술하면서 현실에 맞선 인간의 주체성을 강조합니다.

1960년대 실존주의에 대한 반발로 일어난 구조주의는 사물의 참된 의미가 사물 자체의 속성에 의해 결정되는 것이 아니라, 전체 안에서 사물 간의 관계에 따라 결정된다고 주장합니다. 불교의 연기론을 연상하게 하는 관계와 구조에 대한 관심은 스위스 언어학자인 소쉬르Ferdinand de Saussure에서부터 시작되었습니다.

"언어와 그것이 담고 있는
의미의 관계는 자의적이다."(소쉬르)

소쉬르는 '기표'(기호의 형식)와 '기의'(기호의 내용)의 관계가 '자의적'이라고 주장합니다. 가령 '아빠'라는 기표는 실재 아빠와 어떤 닮음도 없습니다. 단지 '엄마'라는 기호와 음운적으로 구분한 임의적 약속일 뿐입니다. 당연한 이야기 같지만, 우리는 언어가 현실 세계를 그대로 지칭한다고 생각하는 경향이 있습니다. 가령 우리가 '신God'이라는 단어를 사용하면 그 말이 실제로 신을 지칭한다고 생각합니다. 그래서 "신을 믿는다"라고 시인하면 "구원을 받는다"라는 논리가 성립하는 것입니다. 그러나 한 단어의 의미는 고정된 게 아니라 다른 단어와의 관계에 따라 만들어지고, 그 또한 문맥에 따라 계속 변화합니다. 언어의 의미가 맥락에 따라 무한히 변한다면 언어로 세계를 명징하게 설명하기란 불가능한 셈입니다.

이러한 생각에서 구조주의 철학자들은 인간 주체 역시 "나는 생각한다. 고로 존재한다"는 데카르트의 코기토Cogito처럼 이성적으로 명증한 게 아니라 언어로 구조화되었다는 사실을 자각하게 됩니다. 그래서 구조주의 철학은 과거처럼 형이상학적인 진리의 내용을 다루려는 노력 대신 언어 자체에 주목하여 언어가 어떻게 실재와 관계 맺는가를 다루게 됩니다. 동양인들은 원래 언어를 불신해왔지만, 언어를 통해 형이상학 철학 체계를 구축해온 서양인들에게 이러한 자각은 커다란 충격과 영향을 주었습니다.

포스트모던 문화를 촉발시킨 후기구조주의 철학은 구조주의를 계승하면서 구조의 역사성과 상대성에 주목합니다. 그래서 언어로 고정한 낡은 형이상학의 토대와 이성 중심주의를 체계적으로 해체하고 차이와 상대성을 새로운 가치로 주목합니다.

"차이의 체계에서 고정된 의미는
존재하지 않는다."(데리다)

해체주의로 유명한 데리다Jacques Derrida는 프랑스령 알제리에 귀화한 유대계 부모님 밑에서 자라면서 혈통 문제로 상처를 받았습니다. 유대민족주의와 반유대주의 모두에 반감을 품은 그는 사람들의 편협한 믿음 체계를 해체하는 걸 철학의 과제로 삼았습니다. 그래서 서구 형이상학이 육체보다 정신을 중시하고, 문자보다 음성언어를 중시한 데 따른 모순을 체계적으로 비판합니다. 그리고 구조주의의 불변성을 비판하며, 의미는 한곳에 정박하지 않고 차이가 끝없이 연기된다고 주장합니다. 이것이 그가 신조어로 만든 '차연différance'의 개념입니다. 이를 통해 그는 그동안 형이상학 철학이 고정시킨 폭력적인 중심주의를 해체합니다.

"우리의 지식은 암묵적으로
정치적 권력과 결탁되어 있다."(푸코)

의사의 아들로 태어나 정신의학에 관심이 많았던 푸코Michel Foucault는 서양인들이 신뢰해온 합리적 이성이 얼마나 독단적이고 비이성적인가를 파헤쳤습니다. 그는 지식이 만들어지는 과정을 탐구하며 그 기저에 어떤 무의식적인 문화의 체계가 있다고 생각합니다. 그래서 우리가 진리라고 믿고 있는 지식이 암묵적으로 정치적 권력과 결탁되어 있다고 주장합니다. 특히 그는 이성과 광기, 진리와 허위를 구분하는 기준에 어떤 사회적 권력이 개입되어 있다고 보았습니다. 그래서 도서관에서 고고학자처럼 수많은 실증적인 자료를 발굴하고 분석하는 방법으로 감옥이나 성性, 광기의 역사를 파헤쳤습니다. 이러한 방식으로 그는 우리의 편견이 어떻게 만들어졌는지를 인식하게 했습니다.

"모든 개별자는 다른 존재들과
본질적인 차이를 지니고 있다."(들뢰즈)

니체와 베르그송의 철학을 계승한 들뢰즈Gilles Deleuze는 과거 이성에 의해 억압된 '욕망'과 '감각'을 긍정적 관점에서 바라보고,

동일화될 수 없는 '차이'를 철학의 주제로 삼았습니다. 또 정신분석학자인 펠릭스 가타리와 공동으로 현대적 삶을 조명하면서 자본주의라는 기계가 어떻게 욕망을 조장하고 기존 체계를 파괴하는지를 보여줍니다. 그가 주창한 '유목주의Nomadism'는 기존의 가치나 형이상학 철학을 부정하고 한곳에 안주하지 않으면서 끊임없이 새로움을 찾아 여러 분야를 넘나드는 개념입니다. 그는 이러한 철학적 이상을 문학, 회화, 영화, 연극 등의 예술에서 찾고 활발한 저술 활동을 했습니다.

"우리의 무의식은
언어처럼 구조화되어 있다."(라캉)

프로이트의 정신분석학을 계승한 라캉Jacques Lacan은 무의식의 구조가 언어와 밀접하게 관련되어 있다는 점을 예리하게 파헤쳤습니다. 그는 우리의 무의식이 타자의 언술이고, 언어로 짜여 있을 뿐만 아니라 우리의 욕망 역시 타자의 욕망이라고 주장합니다. 왜냐하면 우리는 태어날 때부터 이미 타자의 말의 그물 속에 놓이게 되고, 타자의 언어를 통해 매개되는 각종 금지와 명령, 그리고 욕망과 기대, 의무와 가치 판단들로 조정되기 때문입니다. 그래서 우리의 주체를 데카르트가 생각한 것처럼 순수한 것이 아닌 타자와의 동일시를 통해 만들어진 상상의 산물로 간주합니다.

**"지배를 정당화하는 거대서사는 작은 서사의 다양성을
억압하는 전체주의의 잔재이다."(리오타르)**

포스트모더니즘을 주창한 리오타르Jean-François Lyotard는 근대
이후 이성이 규정한 총체적이고 획일화된 가치 체계를 '거대서
사metanarrative'라고 비판합니다. 모든 것을 하나의 이론으로 설명
하려는 거시적이고 전체적인 담론은 항상 소수자들의 희생을 만
들어낼 수밖에 없습니다. 정의와 진리는 일치하지 않는데도 이를
억지로 일치시키고자 할 때 폭력이 됩니다. 그래서 그는 개별적이
고 작은 서사의 다양한 담론들을 거대서사로 통합하려 하지 말고,
그들 간의 차이를 확인하고 다원성과 다양성을 인정해야 한다며
그것이 포스트모던의 정신이라고 주장합니다.

이상에서 살핀 바와 같이 포스트모던 철학은 한결같이 중심주
의나 통일성, 전체성 같은 이성의 기획을 불신하고 중심에서 주변
으로, 동일성에서 차이로, 보편성에서 특수성으로, 이성에서 감성
과 감각으로, 정신에서 신체와 욕망으로 철학의 주제를 전향시켰
습니다. 한마디로 그동안 소외되었던 타자들의 반란이라고도 할
수 있습니다. 이러한 흐름 속에서 남성 중심주의에서 벗어나려는
페미니즘이나 서구 중심주의에서 벗어나려는 탈식민주의가 등장
하기도 합니다.

봄이 되면 천덕꾸러기로 변한 겨울옷을 벗어 장롱에 넣어버리
듯이, 포스트모던과 후기구조주의는 모던 시대가 신봉하던 것들
을 모조리 폐기 처분하고자 했습니다. 시대정신이라는 것이 무섭

습니다. 이성의 산물인 모던의 기획을 해체한 후기구조주의 철학은 서양철학의 전통에서는 이단으로 간주되고 있지만, 내용상으로 동양사상과 가까워졌습니다. 이것은 서양 내부에서 과학이 주도한 물질문명이 종말을 선언하고 동양적인 정신문명으로의 전환을 예고한 것입니다.

예술의 혼돈:
모든 것이 예술이 될 수 있다

포스트모던이 예술에서 크게 성행한 건 1980년대이지만, 모더니즘이 정점을 찍은 1960년대 미니멀리즘에서부터 서서히 꽃망울을 터트리기 시작했습니다. 모더니즘의 추동력인 '자율성'은 예술에서는 형식주의로 귀결되었습니다. 이전 예술이 종교에서 벗어나지 못했고, 문학을 위해 봉사했다고 간주했기에 이로부터 벗어나기 위해서 형식 자체에 주목한 것입니다. 모더니즘 예술이 "예술을 위한 예술"이나 '순수예술fine art'을 구호로 내건 것은 이 때문입니다.

굳이 '순수'라는 말을 붙인 이유는 예술이 종교에 귀속되어 있었다는 피해의식이 있기 때문입니다. 강대국의 식민지에서 벗어나 독립을 성취하려면 먼저 자체의 헌법이 필요하듯이, 종교적 규범에 의한 판단이 아니라 예술 자체의 규범이 있어야 한다고 생각한 것입니다.

칸트의 비판철학에서 영감을 받은 미국의 모더니즘 미술평론가 그린버그Clement Greenberg는 이를 '내재적 비판'이라고 불렀습니다. 내재적 비판과 대비되는 개념은 외재적 비판입니다. 가령 외모를 평가할 때 "형은 잘생겼는데, 너는 왜 이렇게 생겼냐"라고 말한다면, 이것은 판단의 기준이 밖에 있기에 외재적 비판이라고 할 수 있습니다. 그러나 "너는 키가 큰 데 비해서 다리가 짧다"라고 말하는 것은 평가의 기준이 타인이 아니라 내적인 조화 관계를 따진 것이기에 내재적 비판이라고 할 수 있습니다.

예술이 제공하는 경험 역시 다른 영역에서 가치가 결정되는 게 아니라 그 자체의 권리와 규범을 가져야 한다는 것이 내재적 비판이며 이를 통해 자율성에 도달하고자 했습니다. 그래서 회화는 자율성을 위해 조각적인 3차원을 만드는 방식인 원근법이나 명암법을 버리고 평면성으로 나아갔습니다. 또 문학적 내용으로부터의 자율성을 지키기 위해서 내용을 제거하다 보니 순수한 형식으로 이루어진 추상미술로 귀결되었습니다.

이로써 미술은 외부 대상을 재현해야 한다는 관습에서 벗어나 작가의 주관적 감정이나 정신을 표현하게 됩니다. 예술의 대상이 외부 세계의 재현에서 주체의 주관적 내면으로 변했지만, 작가의 감정이나 무의식이 반영되었기에 완전히 자율성을 성취한 건 아닙니다. 그래서 미니멀니즘은 인간의 내면마저 배제하고 재현을 완전히 피하고자 작품을 공장에 맡겨서 제작하게 됩니다.

이처럼 모더니즘 미술은 자율성을 위해 타율성을 제거하는 방식을 취했고, 그래서 미술에 기생하는 잡다한 내용을 빼내 순수

형식에 이르고자 했습니다. 그럴수록 예술은 점차 삶으로부터 무
관심하게 멀어져갔습니다. 그리고 생의 에너지가 빠진 차가운 형
식으로 귀결되었을 때 모더니즘 예술은 종말을 고합니다.

이것은 자율성에 대한 그릇된 해석의 결과입니다. 우리가 성장
하여 부모에게서 자율성을 얻는 것이 부모와 인연을 완전히 끊는
걸 의미하지는 않습니다. 독립은 필요하지만, 호적을 파내는 것이
진정한 독립은 아닙니다.

> **포스트모던 예술의 전략은
> 모더니즘의 순수성과 자율성을 훼손하고,
> 이분법적이고 인위적인 중심주의를 무너뜨리는 것이다.**

포스트모던 예술은 이처럼 형식주의로 흐른 모더니즘에 대한
반발로 등장하여 모더니즘이 어렵게 일구어놓은 순수성과 자율
성을 마구 훼손하고 모든 이분법적이고 인위적인 중심주의를 무
너뜨리는 전략으로 나아갔습니다.

일상의 평범한 물건들을 예술로 끌어들인 팝아트는 추상표현
주의에 반발하여 천박하고 저속하게 여겼던 대중문화를 예술의
중심으로 삼음으로써 고급과 저급, 삶과 예술의 경계를 무너뜨렸
습니다. 그뿐만 아니라 자율성을 훼손하려는 포스트모던 예술가
들은 여기저기서 이미지들을 '차용'하여 뒤섞는 '혼성 모방pastiche'
을 선호하게 됩니다. 그래서 추상에서 벗어나 서사성과 구상성이
다시 복원되었지만, 구체적인 재현이 아니라 알레고리적으로 의

미를 복수화하거나 아예 감각이나 개념 자체를 예술의 소재로 삼았습니다.

또 모더니즘의 순수성을 흠집내기 위해 장르 간의 경계를 무너뜨려 거침없는 혼합과 퓨전, 하이브리드가 유행하고, 한 작가가 여러 장르를 넘나드는 다원주의가 성행하게 됩니다. 그래서 일상과 예술의 경계뿐만 아니라 화가와 조각가, 사진가, 영상 제작자, 공예가 등의 분류가 사라지고 한 작가가 다양한 장르를 넘나듭니다.

주제에서도 후기구조주의 철학의 영향으로 포스트모던 예술은 총체화와 합리성에 바탕을 둔 거대서사를 붕괴시키고, 상대성과 차이, 그리고 각종 중심주의에서 소외되었던 타자들의 목소리를 반영합니다. 그래서 여성성이나 지역성, 성소수자 등 거대서사에 눌려 있던 소수자들의 담론이 거침없이 다루어지게 됩니다.

이처럼 모더니즘의 고고한 권위를 단숨에 무너뜨린 포스트모더니즘 예술은 미학의 생활화로 나아가 요셉 보이스가 주장한 것처럼 "누구나 예술가이고, 또 모든 것이 예술이 될 수 있다"라고 주장합니다. 이로 인해 여전히 순수성과 자율성을 고집하는 모더니스트들의 저항을 받았지만, 거대한 시대의 물줄기를 막을 수는 없었습니다.

경제의 혼돈:
자본주의 바이러스의 확산

모던 시대의 경제구조가 산업혁명으로 인해 농업 중심에서 공업 중심으로 바뀐 것이라면, 후기산업사회로 명명되는 포스트모던 사회는 인터넷과 통신기술의 발달로 인해 정보와 지식산업으로 산업구조의 중심이 이동하였습니다. 농업이나 공업 사회에서는 물질이나 에너지가 가치를 창출해냈다면, 후기산업사회는 정보와 지식이 새로운 가치로 부각하였고, 제조업 중심에서 서비스업 중심으로 경제구조가 바뀝니다. 이러한 과정에서 경제의 주체는 생산자에서 소비자 중심으로 변화되었습니다. 이러한 변동에 따른 구조조정이 이루어지지 않으면, 도태될 수밖에 없습니다.

미국의 사회학자이자 미래학자인 다니엘 벨의 『후기산업사회의 도래』, 1980년대를 휩쓴 엘빈 토플러의 『제3의 물결』, 1990년대 제레미 리프킨의 『노동의 종말』 등은 이러한 후기산업사회의 변화를 예고한 책들입니다.

**"후기산업사회는 지식과 정보를 생산하고 서비스가
생산보다 중요한 사회다."**(다니엘 벨)

다니엘 벨Daniel Bell은 사회의 변천 과정을 산업사회 이전과 산업사회, 그리고 후기산업사회로 구분합니다. 산업사회 이전에는 생존을 위해 자연과 투쟁하는 사회이며, 육체노동으로 천연자원을 발굴하고 개발하는 것이 중요한 과제였습니다. 산업사회는 상품생산을 가능하게 하는 기계를 만드는 기술력이 중요해진 시대입니다. 이에 비해 후기산업사회는 지식과 정보를 생산하고 서비스가 생산보다 더 중요한 가치가 되는 사회로 규정합니다.

그가 말하는 후기산업사회의 지식인은 기술적 능력을 갖추고 교육을 받은 새로운 계급입니다. 사유재산을 바탕으로 하는 자본주의 체제에서는 재산과 상속을 통해서 체제를 유지한다면, 후기산업사회에서는 전문적 교육을 받은 지식인들이 기존의 지위와 권위를 뒤바꿀 수 있는 사회라는 것입니다. 전기통신 분야에서 일어나는 기술혁신은 정보사회와 디지털 시대를 앞당기고, 노동 가치가 생산력의 발전과 생산양식의 변화로 이어집니다. 하부구조의 변화가 상부구조를 변화시킨다는 마르크스의 경제 이론으로는 이러한 사회를 설명하기 어렵습니다.

오늘날 디지털 혁명은 정보기술과 새로운 커뮤니케이션 방식의 변화가 몰고 왔다고 볼 수 있습니다. 과거에는 정보 교환이 사람이 직접 써서 전달하는 편지나 인쇄물을 통해 이루어졌습니다. 프랑스혁명의 근간이 된 계몽사상은 인쇄 기술의 발달을 통해 출간된 책의 역할이 컸습니다. 인쇄 기술의 발달로 매일 일어나는 사건은 신문을 통해 전달되었고 신문사는 경영 문제를 해결하기 위해 광고를 활용하게 됩니다. 제2차 세계대전 전후에는 라디오와 TV가 새로운 소통 방식으로 떠올라 효율적인 홍보 수단이 되었고, 이에 따라 소비가 늘어나자 대량생산이 가능해져 제품의 단가를 낮출 수 있었습니다.

기술 발달로 생산량이 늘어날수록 경제의 주체가 생산자에서 소비자 중심으로 넘어가게 됩니다. 그래서 기업은 소비자의 까다로운 취향에 맞추기 위해 소품종 대량생산에서 다품종 소량생산으로 전략을 바꿉니다. 요즘 제품들이 과거에 비해 엄청나게 다양해진 것은 경제 주체가 생산자에서 소비자로 넘어왔다는 것을 의미합니다.

"소비사회에서는
소비가 사용가치에 의해 이루어지는 것이 아니라
행복이나 사회적 지위를 얻기 위한 수단이 된다."(보드리야르)

사회학자 출신의 포스트모던 사상가인 보드리야르Jean Baudrillard는 이러한 현대 사회의 특징을 '소비사회'라고 규정하였습니다. 그는 1970년대『소비의 사회』와『기호의 정치경제학 비판』을 잇따라 출간하며 소비사회의 특징을 날카롭게 분석했습니다.

기존 경제학의 소비 개념과는 달리 그는 소비사회에서 우리가 상품을 소비하는 것은 단순히 사용가치를 뛰어넘는 기호적 가치가 있다고 주장합니다. 소비가 사용가치에 의해서 이뤄지는 것이 아니라 행복이나 사회적 지위를 얻기 위한 수단이 된다는 것입니다. 사람들은 고가의 물건을 통해 자신을 포장하고 사회적 지위를 보장받고자 하는데, 이것을 '기호적 가치'라고 합니다. 생활용품에서부터 의약품, 화장품, 영화관, 은행, 병원, 스포츠 센터 등이 밀집되어있는 드러그스토어나 쇼핑센터에서 우리는 능동적으로 소비하는 것 같지만, 사실은 교묘하게 유혹하는 광고에 현혹되어 제품을 구매합니다. 이러한 소비 행태에서 중요한 건 희소가치가 있어서 소수 계층만 향유 가능한 물건은 그것을 소비하는 사람의 사회적 지위나 경제력을 과시하는 기호로써 작용한다는 것입니다.

사람들은 상품의 유용성에 의해서 지갑을 열기보다는 상품에 덧칠된 기호적 의미를 소유해서 자신을 특별한 존재로 포장하고 과시하려 합니다. 여기에는 상류층의 물건을 소비해서 그들과 같은 계급에 속하기를 원하고 하류층과 구별하는 기호로 삼고자 하는 심리가 있습니다. 그러면 상류층이 누리는 물건과 유사한 짝퉁이 인기를 끌면서 대중화가 이루어지고, 상류층은 그들과 구분할 수 있는 또 다른 물건을 선호하게 됩니다.

오늘날 이러한 '물신화物神化' 현상은 널리 퍼져 있습니다. 명품 핸드백으로 자신의 신분을 과시하거나 람보르기니나 페라리 같은 슈퍼 카를 타며 젊음과 부를 과시하는 기호로 삼고자 합니다. 이처럼 기호의 질서에 말려들수록 본질을 잃고, 오직 자신이 가지고 있는 물건으로 자신의 존재 가치를 평가하게 되고, 원하는 물건을 소유하지 못하면 상대적인 박탈감으로 괴로워집니다.

보드리야르는 이러한 풍조가 예술적, 지적, 과학적 생산에도 만연해 있다고 진단합니다. 가령 미술품 경매에 참여하는 특정 집단은 자신들을 상류층을 인증하는 방식으로 계급화하고, 작품값을 올리면서 미술품의 사회적 가치를 재생산하고 교환합니다. 이 같은 조작 속에서 작품의 고유한 가치는 상실되고, 상징적 가치가 기호의 조작을 통해서 사치 활동의 합리화로 작용합니다. 이러한 현실에서는 인간도 교환가치에 따라서 상품 취급받습니다.

**제 빛깔과 본질을 잃고 물질적 향락과 기호적 가치에
매몰된 사회가 오늘날 천민자본주의 사회다.**

이처럼 물신화된 황금만능주의 사회에서 사람들은 본질을 잃고 불필요한 경쟁에 휘말립니다. 이처럼 수단이 목적으로 변한 사회에서는 자아를 실현하기보다 사회가 정한 기준에 어쩔 수 없이 종속되고, 탐욕의 굴레에서 빠져나오기가 쉽지 않습니다. 제 빛깔과 본질을 잃어버리고 물질적 향락과 기호적 가치에 매몰된 사회가 오늘날 천민자본주의 사회의 자화상입니다. 이러한 사회에서 인간은 소외되고 가치관의 혼돈을 피할 수 없습니다. 이로 인해 현대인들은 물질적 풍요를 누리면서도 자본주의 바이러스에 감염되어 우울증에 시달립니다. 급증하는 자살률도 이와 무관하지 않습니다.

자본주의 바이러스는 오늘날 코로나 바이러스보다 훨씬 심각하게 우리 삶을 위협하고 있습니다. 코로나 바이러스는 경각심을

갖고 총력을 다해 막으려 하지만, 자본주의 바이러스는 알게 모르게 너무 많은 사람이 이미 감염되어서 경각심이 없기 때문입니다. 이렇게 감염이 널리 확산되면, 환자들이 정상처럼 행세하고 정상적인 사람들을 환자처럼 몰아가는 일이 생깁니다. 치료는 일단 병을 인지하고 경각심을 가질 때 시작되는데, 문제 자체를 인지하지 못하기에 구제 불능의 상태가 되는 것입니다. 이것이 오늘날 소비사회의 경제구조가 촉발한 혼란의 양상입니다.

정치의 혼돈:
탈식민화와 신민족주의

●
○

국제 정치에서의 포스트모던은 최근 들어서 활발히 진행되고 있습니다. 합리적 이성과 보편성을 중시하는 모던 시대의 계몽주의는 정치에서 국제주의와 세계화를 지향했습니다. 세계통합주의라고 불리는 글로벌리즘은 개별 국가의 이해를 초월하여 국가 간의 제한과 장벽을 없애고 자유롭고 공정한 경쟁을 유도함으로써 모두가 잘사는 세상을 만들고자 했습니다.

이것은 인구문제나 식량과 자원 고갈의 문제, 생태계 파괴와 환경문제 등에 전 세계가 공동으로 대처해야 한다는 공감대를 주었습니다. 그러나 한편으로 지역적 특수성과 민족성을 억압하는 부작용을 낳았습니다. 강대국에 의한 약소국의 자원 착취와 인재 유출, 다국적 투기 자본에의 예속 등이 그 사례들입니다. 특히 제2차 세계대전 이후 주도권을 잡은 미국과 유럽이 주도하는 국제 질서가 세계화의 방향으로 고착하면서 적지 않은 부작용을 낳았

습니다. 이것은 은밀하게 자행된 또 다른 형태의 식민주의라고 할
수 있습니다. 따라서 정치적 포스트모던은 또 다른 형태의 중심주
의가 된 세계주의에 대항하여 문화적 탈식민주의Postcolonialism나
자국민의 이익을 보호하려는 신민족주의 양상으로 진행되고 있
습니다.

탈식민주의란 억압과 착취를 낳는 지배 이데올로기를 해체하
고 지배 권력의 횡포를 전복시키는 것을 목표로 인종 차별의 부당
성이나 종주국과 식민국 사이에 발생하는 여러 형태의 불평등을
해소하려는 운동입니다. 이들은 현재를 또 다른 형태의 문화적,
경제적, 정신적 식민지 상황으로 파악하고, 제국주의적인 억압 구
조로부터의 해방과 민족적 정체성의 회복을 모색합니다. 그동안
강대국에 예속되어 있던 아프리카, 아시아, 서인도제도, 중남미 등
의 나라들을 중심으로 일어난 이러한 움직임은 대개 국가와 국가
또는 인종과 인종 사이의 관계와 차이를 비교 문화적으로 바라보
는 방식으로 접근합니다.

**"서구인들에게 동양은 단지 오리엔탈리스트들의 말과
담론 속에서만 존재할 뿐이다."**(에드워드 사이드)

탈식민주의의 서막을 알린 에드워드 사이드Edward W. Said는『오
리엔탈리즘』(1978)에서 서구 제국주의가 자신들의 필요에 따라
동양을 멋대로 신비화하고, 동양을 지배하며 착취해왔다고 비판
합니다. 식민 통치가 끝났는데도 서구인들은 상상 속의 허구적인

관념으로 지적인 폭력을 가하고 있다는 것입니다. 그래서 그는 동양은 스스로 존재하지 못하고 동양을 바라보는 서구의 뒤틀린 시각을 가진 오리엔탈리스트들의 말과 담론 속에서만 존재할 뿐이라고 주장합니다.

푸코의 권력 담론의 영향을 받은 그는 식민 지배 권력은 피지배자를 감시와 처벌을 통해 순응시키고 이를 정당화하기 위해 식민지인의 후진성과 야만성을 부각시켰다고 봅니다. 이로 인해 동양은 비논리적이고 비민주적이며, 게으르고 부패한 지역으로 보는 편견이 생겼다는 것입니다.

사이드는 이러한 오리엔탈리즘이 정확한 사실에 근거한 것이 아니라 여행자들의 인상기나, 선원들의 모험기, 또는 선교사들의 체험기에 제국주의 이데올로기와 당대의 학자, 문인, 지식인이 담합한 결과라고 주장합니다. 더 큰 문제는 이러한 오리엔탈리즘이 서양인들뿐만 아니라 서양 문화의 영향을 받은 동양인들에게도 내재되었다는 점입니다. 그러면 자민족의 전통은 열등하다고 평가절하하고, 선진화된 서구 문화를 무비판적으로 동경하고 숭상하는 문화 사대주의에 알게 모르게 젖기 쉽습니다. 그리고 온고지신이나 법고창신의 방식이 아니라 서구화를 통한 현대화를 이룩함으로써 문화의 중심을 상실하게 됩니다. 이것은 정치적 식민화보다 무서운 문화적 식민화입니다.

> **"순수한 고유문화가 존재한다는 생각은**
> **문화적인 신념에 불과하다. 문화는**

지속적인 해석의 과정을 거쳐 새롭게 탄생한다."(호미 바바)

인도 출신의 문화이론가 호미 바바Homi Bhabha는『문화의 위치』
(1944)에서 식민 피지배자들이 식민 지배자의 권력에 저항하는 방
식을 정치적 문제보다는 문화이론으로 접근합니다. 순수성에 저
항하는 후기구조주의 철학의 영향을 받은 그는 한 국가 내부에서
도 순수하고 단일한 문화는 있을 수 없으며, 문화적 정체성은 필
연적으로 '혼종성hybridity'을 갖는다고 주장합니다. 특정 국가나 민
족의 문화에 지배자의 문화가 침투해도 일방적으로 당하지 않고,
피지배자의 저항에 따라 새로운 제3의 문화와 공간이 창출된다는
것입니다.

그는 이러한 혼종의 상태를 지배자와 피지배자 사이의 긴장과
양가성이 존재하는 역동적인 공간이라고 파악합니다. 그가 말하
는 '양가성ambivalence'이란 식민 지배자가 피지배자 앞에서 지배 욕
망과 더불어 두려움을 동시에 느끼는 것입니다. 그리고 피지배자
들은 '흉내mimicry'를 통해 식민 지배자 문화를 수용하면서도 이를
전복시켜 지배 문화를 조롱하고 혼종화합니다. 그러면 피지배의
관계가 역전되고, 순응의 대상에서 벗어나 저항의 주체가 될 수
있다고 봅니다.

그러나 이러한 호미 바바의 주장을 마냥 낙관적으로 받아들이
기에는 무리가 있습니다. 왜냐면 피지배자는 저항의 주체가 되지
못하고 지배자가 제공하는 새로움과 편리함에 현혹되어 자기 검
열을 거치지 않고 지배 문화에 수동적으로 순응해버릴 수 있기 때

문입니다. 식민 지배자들의 지배 문화에 주체적 저항을 하려면 민족적 정체성을 지키려는 강한 의지가 있어야 가능합니다.

한국은 현재 정치적 독립 국가이지만, 문화적으로는 오히려 과거보다 훨씬 식민화가 진행되어 있습니다. 우리의 의식주 문화나 교육을 보면 알 수 있습니다. 그러나 이러한 문화적 식민화는 정치적 식민화와 달리 너무 은밀하게 진행되어서 자각하지도 못하고 이루어집니다. 일제 강점기에는 정치적 식민화가 노골화되었기에 목숨을 걸고 독립운동을 했지만, 지금은 독립했다고 생각하기에 문화적 식민화를 인식조차 못 하는 것입니다. 내가 병이 있다는 사실을 인식해야 치료도 할 수 있고, 내가 식민지 상황에 있다는 사실을 자각해야 독립운동도 할 수 있습니다. 동서고금을 막론하고 한 민족이 자기 민족의 문화를 빼앗기고 살아남은 예는 없습니다.

한 민족의 문화적 정체성이 사라지면

독립의 이유도 사라진다.

선진국일수록 문화적 가치를 소중하게 생각하고 보존하는 것은 이 때문입니다. 호미 바바의 말대로 문화는 순수한 것이 아니라 혼종된 것이지만, 혼종의 방식이 나무의 접붙이기 같아야 합니다. 나무가 접붙이기에 성공하려면 뿌리 쪽의 튼튼한 대목臺木이 땅에서 영양분을 충분히 공급해주고, 여기에 얻고자 하는 과실을 위해 가지 쪽인 접수接穗를 결합해야 합니다. 마찬가지로 문화에서는 민족 문화가 튼튼한 대목이 되고, 외래 문화가 접수가 될 때 주체적 접붙이기가 됩니다. 민족의 정체성은 대목과 같습니다. 이 것이 약하면 접붙이기에 실패하고 나무 자체가 죽게 됩니다.

한 민족의 '문화의지'는 시간의 변화에도 불구하고
정체성을 유지하게 하는 종자와 같으며,
문화의지의 차이가 민족의 존속 이유다.

저의 저서 『한국의 미학, 서양 중국 일본과의 다름을 논하다』 (2015)는 그러한 필요에서 쓴 책입니다. 이 책에서 저는 한 민족이 시간의 변화에도 불구하고 민족의 정체성을 유지하게 하는 종자 와 같은 것을 '문화의지'라고 정의했습니다. 우리를 한국인이라고 규정하고 타민족과 다른 문화를 꽃피울 수 있었던 것은 문화의지 가 다르기 때문이고, 그 차이가 민족이 존속해야 하는 이유인 것 입니다.

그래서 서양은 '분화', 중국은 '동화', 일본은 '응축'의 의지가 있 고, 한국은 이들과 달리 '접화'라는 문화의지가 있음을 주장했습 니다. 이러한 문화의지의 차이가 수많은 침략을 당하면서도 민족 의 독립을 유지할 수 있었던 저력입니다. 개나리가 시간이 지난다 고 진달래가 되는 것은 아닙니다. 외래문화를 받아들이고 수용하 면서도 중심이 있어야 자생적 문화를 통해서 다른 민족과 혜택을 나누고 서로 공생할 수 있는 것입니다.

최근에는 세계화로 인해 국가 정체성이 약화되면서 전 세계적으로 문화 정체성을 고수하려는 '신민족주의'가 대두되고 있습니다. 자유무역과 신속한 자본 이동으로 국경이 불분명해지는 가운데에서도 세계화에 저항하고 지정학적 근본주의를 내세우는 흐름이 강력하게 등장한 것입니다. 오늘날 이러한 신민족주의는 과거처럼 식민국가가 아니라 세계 최강대국인 미국이 주도하고 있습니다.

2016년에 당선된 트럼프 대통령은 세계의 경찰로 상징되어온 미국의 개입주의 외교 노선을 수정하여 자국의 기업을 보호하기 위해 보호무역 정책을 펼치고 있습니다. 특히 새로운 대미 흑자 규모가 가장 높은 중국에 대한 보호무역을 강화하면서 중국에 대한 견제 수위를 높이고 있습니다. 또 과거 민주주의 수호를 위해서 방위비 부분에 부담하던 경비를 낮추기 위해 시리아와 이라크, 독일 등지에서 미군을 철수하거나 감축하고 있습니다. 한국에 방위비를 올려달라는 요구도 이러한 맥락에서 이루어지는 일들입니다.

2016년부터 국제적 관심사가 된 '브렉시트Brexit'는 영국이 이민자 문제로 자국인들의 일자리가 줄어들고 유로존 위기에 따른 금융 지원에 불만이 생기자 유럽연합에서 탈퇴를 선언한 것입니다. 영국과 유럽연합이 관세나 이민자 문제에서 아직 해결할 사항이 남아 있지만, 과거처럼 하나의 유럽을 외쳤던 유럽통합의 꿈은 이제 무너지고 있습니다.

아시아에서도 중국이나 일본의 민족주의는 우익 세력을 결집하여 역사 왜곡을 시도하고 있습니다. 중국은 신중화제국주의를 실현하기 위한 명분으로 신장위구르자치구와 관련된 서북공정,

1950년에 탈취한 티베트와 관련된 서남공정, 그리고 고구려와 발해사를 중국사에 편입하려는 동북공정을 시행하였습니다.

일본도 우익 세력이 역사 교과서를 왜곡하고 한국과의 갈등을 조장하여 내부 결속을 다지고 있습니다. 최근 일본이 강제 노역에 대한 한국 법원의 유죄판결을 문제 삼고, 한국에 반도체 분야의 수출규제를 한 것도 이러한 맥락에서 일어난 것입니다. 한국도 일본에 대한 강경 대응으로 반일 감정을 부추겨 내부 결속을 다지기를 정치적 전략으로 삼기는 마찬가지입니다.

오늘날 팽배해진 이러한 배타적인 민족주의로 인해 국제적인 새로운 긴장과 갈등이 형성되고 있습니다. 그러나 21세기 문화의 시대의 민족주의는 이처럼 정치색이 짙은 불순한 민족주의가 아니라 문화적인 차원의 새로운 민족주의가 대두될 것입니다. 저는 이것을 '문화종족주의Culture Ethnicism'라고 부르고자 합니다.

행복을 공유하는
문화종족의 탄생

∙
○

　문화의 시대를 주도할 문화종족주의는 역설적으로 4차 산업혁명과 궤를 같이할 것입니다. 18세기 영국에서 시작된 증기기관과 기계화로 대표되는 산업혁명은 19세기 후반 대량생산이 본격화된 2차 산업혁명을 거쳐, 20세기 중반 컴퓨터 통신 기술의 발달과 자동화 시스템이 주도한 3차 산업혁명으로 이어졌습니다. 이어 도래할 4차 산업혁명은 로봇과 인공지능을 통해 실제와 가상이 통합되고, 사물을 자동적·지능적으로 제어할 수 있는 가상 시스템이 구축되면서 생기는 변화입니다. 그러면 사람이 하던 일을 로봇이 대신하게 됨으로써 사람들은 많은 일자리를 로봇에게 빼앗기게 될 것입니다. 산업구조상 피할 수 없는 구조조정이 이루어질 것이고 이제 인간은 로봇과 경쟁을 해야 합니다.

　그렇다면 인간이 로봇과의 경쟁에서 살아남을 수 있는 무기가 무엇일까요? 로봇은 아무리 훌륭한 기능을 가졌다 해도 인간이 만든 매뉴얼에 따라 움직이는 수동적인 존재입니다. 따라서 관습적이고 수동적으로 사는 사람은 로봇과의 경쟁에서 이길 수가 없습니다. 과거에는 창조적인 사람들이 기존의 질서를 위협한다는 이유로 기득권 세력의 견제를 받았지만, 이제는 예술적 상상력과 창조력이 있는 사람만이 경쟁력을 갖게 될 것입니다. 이제 학력이나 혈연, 스펙이 아니라 문제를 해결할 수 있는 전문성과 창조력을 가진 사람들의 시대가 도래한 것입니다.

문화의 시대에는 행복을 공유하는 집단이
혈연과 민족을 초월하여 친밀한 종족을 이루어 생활하는
'문화종족주의'가 성행하게 된다.

4차 산업혁명으로 로봇을 통한 자동생산시스템이 구축되면 인간의 노동시간은 크게 단축됩니다. 근로가 로봇의 도덕이 됨으로써 인간은 제조업에 종사하는 시간이 단축되고 많은 여가를 부여받게 됩니다. 그러면 노동에서 해방된 인간들은 진정한 행복을 추구하면서 정신문화에 관심을 기울이게 되고 인간에게 행복을 가져다주는 문화들이 주목받게 될 것입니다.

문화의 시대 키워드는 행복입니다. 문화의 시대는 인간을 행복하게 해주는 콘텐츠가 경쟁력이 되는 사회입니다. 이렇게 만들어진 콘텐츠는 인터넷과 소셜네트워크서비스를 통해 순식간에 전 세계에 전달되어 영향력을 발휘합니다. 비대면으로 실시간 어디든 이어주기에 지역과 민족의 경계가 사라지고, 번역기의 발달은 언어의 장벽마저 무너뜨릴 것입니다. 이러한 사이버 세상에서는 그동안 권력 중심에서 소외되어 있던 창의적인 사람들이 새 시대의 주인공으로 부각될 것입니다.

과거에는 지역적 환경과 민족의 혈통이 문화 정체성을 결정했다면, 이제는 행복을 공유하는 사람들이 팬덤을 이루어 혈연과 민족의 경계를 초월하여 하나의 종족처럼 생활하게 됩니다. 다국적 사람들로 구성된 이 새로운 종족을 이끄는 족장은 대통령이나 수상 같은 정치인이 아니라 새로운 문화를 창출해내는 예술가나 창의적인 기업인입니다. 이들은 인기를 얻으며 정치인보다 더 막강한 영향력을 발휘하게 될 것입니다.

이러한 문화종족주의에 부응하는 최적의 환경과 인프라가 구축된 나라는 한국입니다. 한국은 인터넷과 스마트폰 보급률이 세계 1위이고, SNS 이용률도 최상위권입니다.

"전자 매체가 가져다주는 혁명이 지리적, 문화적 갈등을 해소하고 범인류적 보편 의식에 도달하게 할 것이다."(백남준)

이러한 세상을 일찍이 예측하고 선포한 예술가는 한국이 낳은 세계적인 비디오 아티스트 백남준입니다. 그는 조지 오웰이 1949년에 쓴 소설 『1984』에서 매스미디어의 발달이 인류를 불행하게 만들 것이라고 예언한 내용을 뒤집었습니다. 소설에서 오웰은 1984년이 되면 원격 통신과 매스미디어가 인간을 감시하고 통제하게 됨으로써 인간은 매스미디어에게 지배당할 것이라는 비관적인 예언을 했습니다. 백남준은 이를 반박하며, 세계 최초로 인공위성을 이용해 쌍방향 소통 방식의 프로그램을 기획했습니다.

오웰이 예언한 1984년 1월 1일에 그는 뉴욕과 파리를 실시간으로 연결한 위성 쇼 〈굿모닝 미스터 오웰〉을 방영했습니다. 당시 4개국 방송사와 100여 명의 예술가가 참여한 이 쇼는 뉴욕과 파리, 베를린, 서울 등에 생중계됨으로써 약 2500만 명이 시청했습니다. 백남준은 매스미디어가 일방적으로 명령을 하달하는 도구라는 부정적 인식을 상쇄하고, 실시간 소통과 참여를 통해 세계를 하나로 묶는 글로벌리즘 유토피아를 구현했습니다. 과거 돌, 불, 청동, 철, 문자 등의 매체가 혁명을 몰고 왔듯이, 그는 전자 매체가 가져다주는 혁명이 지리적, 문화적 갈등을 해소하고 범인류적인 보편 의식에 도달하게 할 것이라고 확신했습니다.

신석기시대에 우랄알타이어족이 세계 무대를 지배했듯이, 그는 21세기 한국을 세계 무대에 등장시켜서 '우랄알타이의 꿈'을 이루고자 했습니다. 분열된 현대의 문화적 긴장과 인종 간의 갈등을 해소하고 우리 자신과 조상을 결속시켜 인류 통합을 이루고자 한 그가 예고한 새로운 세계는 문명 간에 서로 소통하며 하나가 되는 '신유목' 시대입니다.

최근 케이팝의 성공도 백남준이 예언한 신유목 시대가 도래했기에 가능한 일입니다. 2012년 세계 음악계의 무명 가수였던 '싸이'의 〈강남 스타일〉 뮤직 비디오는 5년 만에 유튜브 조회수가 30억 뷰를 돌파하는 대기록을 세우며 지구촌 구석구석을 들썩이게 했습니다. 과거처럼 음악계의 권위와 방송국의 횡포가 심한 시절에는 불가능했을 일입니다.

만약 싸이가 서양 가수들을 흉내만 냈다면 그의 국제적인 성공은 불가능했을 것입니다. 그는 무속에서부터 탈춤으로 이어지는 한국 특유의 신명과 해학으로 신나게 놀았습니다. 싸이의 〈강남스타일〉은 폭발적인 인기를 끌었지만, 그의 인기는 문화종족으로 나아가지는 못했습니다.

문화종족주의를 완전히 구현한 종족은 '방탄소년단(BTS)'의 '아미'입니다. 아미족은 언어의 장벽을 뛰어넘어 방탄소년단의 춤과 노래를 들으며 위로를 받고 행복을 공유합니다. 일곱 명의 멤버들은 공연 소식뿐만 아니라 자신의 일상생활의 소소한 면까지 공개하고 자신들의 솔직한 감정을 진정성 있게 노출함으로써 아미들과 공감대를 형성합니다.

아미들은 월드컵에서 자국 선수를 응원하듯이 방탄소년단의 성공을 자신의 성공인 양 기뻐하고 행복을 느낍니다. 그들은 하루 평균 3~5시간 방탄 관련 콘텐츠를 소비하고, 단순히 팬과 가수의 관계를 뛰어넘어 함께 성장해가는, 가족보다 더 가까운 종족입니다. 어떤 정치인도 이들의 삶에 이렇게 강력한 영향력을 발휘하지는 못할 것입니다. 아미족 덕분에 방탄소년단이 앨범을 낼 때마다 미국 빌보드 음악 차트의 정상에 오르는 기적 같은 일이 일어나고 있습니다. 불과 10년 전만 하더라도 상상할 수조차 없었던 일들이 문화종족주의 시대를 맞이하여 지금 눈앞에 펼쳐지고 있습니다.

아미족은 잃어버린 꿈과 희망을 대리 만족으로 채우고, 힘을 합쳐야 하는 순간에는 전사들처럼 모이고, 헌혈이나 기부를 통해 의미 있는 일을 하며 사회에 선한 영향력을 발휘하기도 합니다. 방탄소년단의 공식 계정은 소셜 대통령이라고 불리는 트럼프보다 인기가 많고 이들의 파급력은 상상을 초월합니다. 또 전 세계에 퍼져 있는 아미족은 인터넷에서 열린 아미 포럼에 참가하여 서로 만나 친구가 되고 방탄소년단 이야기로 공감대를 나누기도 합니다. 이들에게 정치적 이데올로기는 문제가 되지 않습니다. 적대국인 이스라엘 아미와 팔레스타인 아미가 포럼에서 만나 자연스럽게 서로 친구가 되기도 합니다.

과거에도 비틀즈가 팝의 본고장 미국 본토를 들썩이고 세계인의 사랑을 받았지만, 그들이 활동한 1960년대는 인터넷이 발달하지 않았기에 종족이 형성될 수 없었습니다. 한 종족이 같은 문화를 갖게 되는 것은 문화를 공유할 수 있기 때문입니다. 지금은 인터넷과 유튜브, SNS가 전 세계를 실시간으로 이어주며 이를 가능하게 하고 있습니다. 새로운 문화종족은 생물학적이고 혈통에 따른 결속이 아니라 순수하게 문화적 행복을 위해 뭉친 종족입니다.

이러한 문화종족주의 시대에는 과거처럼 경제가 문화를 이끄는 것이 아니라 문화가 경제를 이끌어가게 됩니다. 이제 기업은 상품 자체를 파는 것이 아니라 상품에 문화를 입혀 팔아야 하는 시대가 되었습니다. 그래서 요즘 대중 스타들의 이미지를 상품에 덧붙여 광고하기도 합니다. 하지만 더 중요한 것은 자신의 제품을 다른 제품과 차별화하여 인간에게 어떤 가치와 행복을 줄 수 있느냐 하는 스토리텔링을 만드는 일입니다.

이처럼 차별화된 가치를 추구하는 것은 예술의 논리입니다. 기업에서 문화종족주의를 이끈 모범적인 사례는 스티브 잡스입니다. 잡스는 직원들을 뽑을 때 예술가처럼 창의적인 사람을 선발하고, 모험적으로 예술작품을 만들듯 혁신적인 제품을 만들었습니다. 그는 인문학과 과학기술의 접점에서 진지하게 고민하며 제품에 스토리텔링을 입혔습니다. 그는 기업가이자 창의적인 예술가였습니다. 신제품이 나올 때마다 청바지를 입고 프레젠테이션하면서 그는 자신의 인문학적 사유와 애플의 철학을 홍보했습니다. 그래서 애플을 사랑하는 '애플족'을 탄생시켰습니다.

과거 정치적 민족주의는 자국의 이익을 위해 약육강식의 논리로 갈등을 심화시켰습니다. 문화종족주의 시대는 누가 얼마나 인간에게 행복을 주는 콘텐츠를 수출하느냐에 성공이 결정되기에 좀 더 이상적인 사회라고 볼 수 있습니다.

경제가 중심이 되었던 20세기는 기술력을 통한 물질문명이 중시되었습니다. 그러나 21세기 문화의 시대는 단지 먹고사는 문제를 넘어서서 인간다운 삶과 질적인 행복을 추구하는 시대입니다. 이러한 시대에 요청되는 학문은 인간의 근원적 쾌감을 다루는 미학입니다. 문화의 논리는 과학처럼 합리적 이성을 중시하는 것이 아니라 감성적 차이를 중시합니다. 과학이 이성의 학문이라면 미학은 감성의 학문입니다. 과학은 인간을 편리하게 할 수는 있지만, 편리함이 행복을 보장해주지는 않습니다. 이것이 우리가 새로운 시대를 맞이하여 미학에 새롭게 주목해야 하는 이유입니다.

질문   요즘은 포스트모던을
       지나간 유행 정도로 여기고 있는데,
       아직도 진행 중이라고 보고 계신 건가요?

차이가 있지만, 분야에 따라 여전히 진행되고 있고 이제 가장자리에 와
있다고 생각합니다. 또 사람마다 차이가 있어서 아직도 모던 시대를 사
는 사람도 있습니다. 그래도 살기야 하겠지만 여름에 겨울옷을 입고 있
는 것처럼 답답할 것입니다.

어느 시대나 고정관념과 편견이 있기에 이것을 해체하는 작업은 필요
합니다. 건물이나 아파트도 지어진 때가 다 다르기에 재건축 시기도 다
를 수밖에 없습니다. 새로운 시대적 요구가 반영된 신축 건물은 가치가
다를 수밖에 없습니다. 우리가 철학과 예술을 전공과 상관없이 공부하
는 이유는 변화의 방향을 탐색하여 적응하기 위한 것입니다. 요즘 같은
환절기에는 변화를 두려워하지 말고 방향을 파악하여 적극적으로 대처
하려는 용기와 결단이 필요합니다.

질문   총체적 진리가 없다는 포스트모던의 해체주의는
       허무주의나 염세주의로 느껴지기도 하는데,
       여기서 어떤 희망을 찾을 수 있을까요?

진리가 없다는 말보다는 진리를 알 수 없다는 말이 더 정확한 의미라고
생각합니다. 포스트모던의 해체는 진리를 해체하는 게 아니라 비진리

를 진리라고 믿고 있는 우리의 관념을 해체하는 것입니다. 그것은 허무주의를 지향하는 것처럼 보이기도 합니다만, 허무주의에 부정적인 의미만 있는 건 아닙니다. 동양사상에서 '무無'나 '공空'은 존재의 근원이자 도달하고자 하는 이데아입니다. 그것이 제가 포스트모던 이후 문명의 중심이 서양에서 동양으로 이동할 것이라고 보는 이유입니다. 해체가 부정적인 허무주의나 염세주의로 끝나지 않고, 어떤 재건축을 위한 해체처럼 희망적 해체가 되려면 결국 동양사상에서 답을 찾을 수밖에 없기 때문입니다.

질문   사우디아라비아는 80조 원의 국방비를 들이고도
        얼마 전 고작 1000만 원짜리 드론 몇 개로
        테러 공격을 당했습니다. 4차 산업혁명 시대에
        기술이 상당히 발전하고 있지만, 기술을 이대로
        무한정 발전시키는 것이 옳은지는 회의적입니다.

기술 문명의 발전에는 후퇴가 있을 수 없고, 4차 산업혁명을 막을 수도 없습니다. 그러나 업그레이드 이후에는 항상 버그가 생기는 법입니다. 그 문제를 해결할 유일한 대안은 목적에 대한 인문학적인 성찰로 양심을 깨우고 아름다운 세상을 만들고자 하는 마음입니다. 기술과학이 발달할수록 인문학적 성숙이 이루어져야 합니다. 인문학이 목적에 대한 사유라면, 기술과학은 목적에 도달하기 위한 수단이라고 할 수 있습니다. 인간의 타락은 언제나 수단이 목적을 대신 할 때 일어납니다. 그런 측면에서 새로운 시대에는 인문학의 꽃이라고 할 수 있는 미학의 역할이 가장 절실하게 필요해지리라고 생각합니다.

**아직 미학이라는 말이 피부에
와닿지 않습니다. 미학이 우리 삶에서 구체적으로
어떤 역할을 할 수 있을지가 궁금합니다.**

4차 산업혁명으로 점차 로봇에 의한 자동화가 이루어지면, 인간은 로봇과 경쟁력을 갖기 위해 창의성을 길러야 살아남을 수 있습니다. 노동의 가치는 로봇에게 양도해야 하는 시기가 도래했습니다. 이제 생존을 위해 창의성을 중시할 수밖에 없습니다. 창의적인 소수의 사람이 학벌이나 기득권의 권위를 무너뜨리고 주인공으로 떠오를 것입니다. 지금처럼 오히려 창의성을 죽이는 학교 교육은 사라져야 할 유물입니다. 창의성이 향상되기를 원한다면 감성 중심의 학문인 미학을 토대로 삼아야 합니다.

물질문명 시대에는 모든 학문의 기초가 수학이나 과학이었다면, 이제 미학이 그 자리를 대신해야 합니다. 과학도 창의력을 요구받기에 모든 분야에서 미학의 도움이 필요합니다. 초·중·고등학교뿐만 아니라 대학에서도 미학은 필수과목이어야 합니다. 저는 미학이 창의력의 문제와 종교가 제 역할을 하지 못하는 도덕의 문제를 해결할 수 있다고 생각합니다. 지금은 비현실적인 이야기 같지만 그런 시대가 곧 도래하리라고 내다봅니다.

質問 요즘 방탄소년단의 인기를 보면 말씀하신
     '문화종족주의'라는 말이 실감 나기도 합니다.
     문화의 시대에 한국인이 특히 유리한 점이 있을까요?

한국 사람들은 원래 놀기를 좋아하고 신명이 많은 민족입니다. 논리적
이성은 그다지 발달하지 않았지만, 직관과 감성이 매우 발달한 민족입
니다. 이론으로서 미학은 없지만 사람들 자체가 미학적 인간들이었습
니다. 이러한 민족적 기질이 근대기에 서양 문화의 영향을 받고 논리적
교육으로 세뇌되면서 기가 눌리고 감성이 억압되었습니다.

그러다가 문화의 시대가 도래하면서 억압된 감성이 폭발하기 시작했습
니다. 조선 후기 불교와 유교의 이데올로기에 눌려 있었던 서민들의 감
성이 풍물놀이나 판소리, 탈춤 등으로 폭발했듯이, 요즘에는 서양 사상
과 서양 학문에 눌려 있던 한국인의 끼가 때를 만난 것입니다. 근대 과
학의 시대가 길어지면서 물질문명에 찌든 사람들은 이제 정신적인 행
복과 해방을 원하고 있습니다. 그것은 오랜 무속의 전통을 이어온 한국
인의 전공입니다. 한국의 춤과 음악의 기원은 무속에서 비롯된 것이고,
그것은 우아하게 감상하는 예술이 아니라 신명으로 삶의 애환을 풀어
주고 치유하는 행위입니다.

물질문명에 지친 현대인들은 바로 그 점을 원하고 있습니다. 이제 놀
이는 단순히 여가를 즐기는 차원이 아니라 삶의 모델이고 생의 목적입
니다. 세계에서 한국인만큼 신명이 많은 민족은 없습니다. 한국은 지금
민족성이 경쟁력이 되는 엄청난 기회를 맞고 있습니다. 우리가 이러한
변화의 흐름을 알아차리고 준비할 수 있다면 한국은 문화의 시대를 이
끄는 주인공이 될 것입니다.

2강 ——— 칸트의 비판철학과 미학의 탄생

진·선·미는
삼위일체다

서양에서 미학은 18세기 독일의 철학자 칸트에 의해서 학문적 체계를 갖추게 됩니다. 흔히 서양철학은 플라톤에서 시작되어 칸트로 종합되고, 현대 철학은 칸트에서부터 시작되었다고 말합니다. 그만큼 칸트 철학은 서양철학사에서 중추적 역할을 하고 있습니다. 그의 철학을 비판철학이라고 부르는 이유는 과거의 철학을 비판적으로 범주화하여 인간 이성을 진·선·미의 영역으로 분화시켰기 때문입니다. 그의 대표적 저서라고 할 수 있는 『순수이성비판』, 『실천이성비판』, 『판단력비판』은 각각 진·선·미의 개념을 정립한 것입니다.

그가 이성의 세 범주로 분화한 진·선·미는 인간에게 내재된 본성 프로그램의 구조라고 할 수 있습니다. 그의 철학사적 업적은 과학 중심으로 흐른 이성의 기능에 도덕과 미학의 가치를 새롭게 조명함으로써 균형 감각을 갖게 했다는 점입니다.

인간도 제품처럼 매뉴얼이 있어서 기능이 무엇이고 어떻게 살아가야 하는지가 설명되어 있으면 좋을 텐데, 우리는 영문도 모르고 태어나 먹고 싸고 자고를 반복하며 분주하게 살다가 허망하게 죽음을 맞이합니다. 이것이 만물의 영장인 인간의 딜레마입니다. 아무리 고급 스마트폰이 있어도 기능을 모르고 사용하지 않으면 소용이 없는 일입니다.

그래서 수천 년 동안 철학자나 위대한 성인 들은 인간 본성에 내장된 프로그램을 발견하려고 노력해왔습니다. 그들의 철학이나 경전은 인간 본성에 대한 정보를 담고 있습니다. 그 정보를 다 신뢰할 수는 없지만, 우리가 어떻게 살아야 할지 막막할 때는 큰 도움이 됩니다. 그러나 그것은 어디까지나 정보일 뿐이고, 더 중요한 건 스스로 그 프로그램들의 기능을 이해하고 활용하는 것입니다.

진·선·미의 프로그램을 고루 활용할 때
인간다운 삶과 자아실현을 이룰 수 있다.

칸트가 분류하고 각각의 기능을 밝힌 진·선·미는 인간 본성에 깔린 기본 프로그램이라고 할 수 있습니다. 인간의 3대 문화라고 할 수 있는 과학과 종교와 예술은 각각 진·선·미의 프로그램을 통해 열매 맺은 결과입니다. 이 프로그램들이 우리 내면에 설치된 줄도 모르고 사용하지 않는다면 자신의 잠재 능력을 발휘하지 못하고 인생을 허비하게 될 것입니다.

우리가 이 세 가지 프로그램을 자유자재로 다루고 적재적소에 사용할 수 있다면 인간 본성에 따른 이상적이고 행복한 삶을 살 수 있을 것입니다. 그럼 우리 본성에 설치된 기본 프로그램들의 대략적인 기능을 간략히 살펴보겠습니다.

'진'은 세계의 법칙과 원리를 파악하고 지식화하는 프로그램이다.

'진'은 인간의 지적 호기심을 충족시켜주기 위해 내장된 프로그램입니다. 인간이 다른 동물보다 우월하다면 생활에 필요한 지식을 축적하여 문명을 발달시킨다는 점일 것입니다. 이러한 프로그램을 사용하여 인간은 고도의 물질문명을 발달시킬 수 있었습니다. 이처럼 자연에서 보편적 법칙과 객관적 원리를 발견하고 지식을 가능하게 하는 분야가 과학입니다. 근대 이후에는 과학이 중시되면서 학교 교육이 대부분 이 프로그램을 익히고 활용하는 방법을 중심으로 이루어지고 있습니다. 이것을 사용하지 않으면 원시적으로 살 수밖에 없습니다.

'선'은 타자와 공감하며 이상적인 공동체 사회를 이룩하기 위한 프로그램이다.

'선'은 이상적인 공동체 사회를 건설하는 데 필요한 프로그램입니다. 선이 과연 인간의 본성인가 하는 점은 논란의 여지가 있지만, 이것이 없다면 인간 윤리가 무너져 사회는 무법천지가 될 것입니다. 선의 타당성은 과학적으로 증명할 수 없고, 인간의 목적과 관련 속에서 영혼, 신과 같은 초월적인 세계와 함께 논의되어야 합니다. 그래서 믿음을 요구하는 종교라는 문화가 만들어진 것입니다. 사회가 정한 법과 규범들은 이러한 '선'의 프로그램을 스스로 가동하지 않고 사는 인간을 통제하기 위한 최소한의 규제일 뿐입니다.

'미'는 자기만의 개성으로 창조적인 삶을 살기 위한 프로그램이다.

'미'는 각자의 자아실현을 위해 필요한 프로그램입니다. 아름답다는 것은 가장 자기다운 것이고, 가장 자기다울 때 우리는 타자와 조화될 수 있습니다. 우리는 모두 '천상천하유아독존'이기 때문에 존귀한 것입니다. 우리에게는 이러한 미적 본성이 있기에 남을 흉내 내고 따라 하는 것을 부끄럽게 생각합니다. 코미디언들이 남을 흉내 낼 때 비웃는 것은 그것이 인간답지 않기 때문입니다. 예술가들이 남을 모방하는 것을 피하는 것도 이러한 이유 때문입니다. 예술의 세계에서는 작품이 아무리 좋아도 자기 개성이 드러나지 않으면 인정받을 수 없습니다. 이러한 미적 본성을 통해서 우리는 제 빛깔을 찾고 자기완성에 이를 수 있습니다.

이 세 가지 프로그램은 인간이 살아가는 데 있어서 절대적으로 필요한 것이기에 본성으로 설치되어 태어난 것입니다. 우리의 육체는 이러한 소프트웨어를 구현하기 위한 하드웨어입니다. 하드웨어만 있고 소프트웨어가 작동하지 않으면 아무 소용이 없습니다. 살다 보면 그때그때 필요한 응용 애플리케이션이 필요하지만, 기본적으로 이 세 가지는 누구에게나 필요한 필수 프로그램입니다.

물론 개성과 전공에 따라서 주로 사용하는 프로그램이 있을 수 있습니다. '진' 프로그램을 주로 사용하는 사람은 과학적 인간, '선' 프로그램을 주로 사용하는 사람은 도덕적 인간, '미' 프로그램을 주로 사용하는 사람은 미학적 인간이라고 부를 수 있겠습니다. 그러나 이 세 가지 프로그램 중 어느 하나만 치우쳐 사용하면 편협한 인간이 됩니다. 본능적으로 뭔가 완전한 충족감을 느끼지 못한다면 사용하지 않는 프로그램이 있다는 신호입니다.

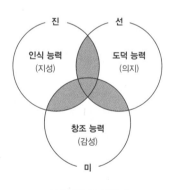

인간 본성의 삼위일체

이처럼 인간의 본성은 진·선·미가 '삼위일체'를 이루고 있습니다. 그런데 오늘날 현대인들은 과거와 달리 각자의 전공 분야가 세분되면서 전공과 관련된 프로그램만 사용하는 경향이 있습니다. 이로 인해 삼위일체의 심각한 불균형을 초래하여 편협한 인간이 되고 있습니다. 전인적 인간은 진·선·미, 즉 지성과 의지와 감성이 균형 있게 발달한 사람입니다. 이들의 관계가 삼위일체라는 것은 셋의 관계가 우열관계가 아니라 하나의 본성이 셋으로 작용하는 협력 관계라는 것을 의미합니다.

삼위일체는 하나가 셋으로 작용하는 것이다.

저는 강의할 때는 선생이지만, 집에 가면 한 여자의 남편이자 아이들의 아버지입니다. 각각의 역할은 다르지만, 하나의 나입니다. 모두 다 완벽할 수는 없으나 어느 하나 무시해서는 안 되는 것입니다. 선생끼리는 우열을 논할 수 있지만, 선생과 남편은 우열을 논할 수 없습니다. 우리는 종종 비교할 수 없는 것을 비교하고 주종을 따지고 우열을 논하는 오류를 범하곤 합니다.

가령 인간의 영·혼·육은 삼위일체의 관계인데도 종종 우열의 관계로 보는 오류를 범합니다. 유안劉安이 쓴 『회남자』에는 "몸은 생명의 집이고, 기氣는 생명을 가득 채우는 것이며, 신神은 생명을 제어하는 것이다. 그중 하나를 잃으면 셋이 모두 손상된다"라는 내용이 나옵니다. 우주도 물질적 형상과 파동 에너지, 그리고 그것을 작곡한 주체가 삼위일체를 이루고 있는 것입니다.

그 관계를 기독교에서는 성부, 성자, 성령의 삼위일체로 봅니다. 성부는 우주의 창조주이신 하나님이고, 성자는 그가 창조한 인간으로서 그리스도를 말합니다. 그리고 성령은 성부와 성자 사이를 이어주고 매개하는 생명의 파동입니다.

힌두교에서는 우주 창조의 신인 '브라마Brama'와 유지의 신인 '비쉬누vishnu', 파괴의 신인 '시바shiva'가 삼위일체를 이룹니다. 불교에서는 '법신불法身佛', '보신불報身佛', '응신불應身佛'이 삼위일체를 이룹니다. 법신불은 삼라만상을 움직이고 관장하는 진리의 본체로서 비로자나불이고, 보신불은 수행을 통해 성불하여 서방정토에 계신 아미타불입니다. 그리고 응신불 혹은 화신불은 중생 제도를 위해 인간 세상에 오신 석가모니불을 말합니다. 한국의 천지인 삼재 사상 역시 하늘과 땅과 사람이 삼위일체를 이룹니다.

현대인의 불행은 진·선·미를 우열 관계로
본 데서 비롯된 것이다.

인간 본성의 구조를 이루는 진·선·미도 삼위일체의 관계이기에 서로 비교가 불가능합니다. 따라서 이로부터 나온 과학, 종교, 예술은 우열의 관계가 아니라 상생의 관계여야 합니다. 그동안 서양철학은 진·선·미의 관계를 우열로 설정함으로써 많은 부작용을 낳았습니다. 서양 교육을 받은 오늘날 우리의 상황도 여기서 벗어날 수 없습니다.

우리 사회는 과학적 인간을 우대함으로써 한쪽으로 편향된 교육을 하고 있습니다. 그러다 보니 도덕이 땅에 떨어지고, 예술은 초등학교 때 피아노 학원이나 미술 학원에 가는 정도로 만족하고 입시를 위해 버려야 하는 것으로 인식되고 있습니다. 이처럼 진·선·미의 불균형으로 우리는 경제적인 풍요로움이라는 물질문명의 혜택을 받으면서도 정신적으로 우울해하고 삶의 의미를 상실한 채 살아갑니다. 우리의 불행은 '선' 프로그램이 작동하지 않음으로써 생기는 도덕적 타락과 '미' 프로그램을 사용하지 않음으로써 생긴 비창조적인 삶에서 비롯된 것입니다.

지금 우리에게 무엇보다 필요한 건 이러한 삼위일체의 균형 감각입니다. 이것이 제가 칸트의 비판철학을 새롭게 주목하는 이유입니다. 그럼 본격적인 칸트 철학에 들어가기 전에 칸트 이전 서양에서 진·선·미가 어떻게 다루어졌고, 그 균형이 왜 깨졌는지를 살펴보도록 하겠습니다.

서양철학의 잘못된 출발

•
○

서양의 고대 철학은 진·선·미 중에서 특히 '진'을 우월하게 여겼는데, 그것은 서양철학의 시조로 불리는 플라톤의 영향이 큽니다. 그의 철학은 스승인 소크라테스에게 영향을 받았습니다.

소크라테스는 인간이 선하고 아름다운 것을 인식하는 것은 영혼이 육체와 결합하기 이전부터 그 정보를 알고 있었기 때문이라고 생각했습니다. 그러나 행동의 주체로서의 영혼의 개념은 당시 현실적인 그리스 사람들에게 받아들여지지 않았습니다. 그래서 그는 수사적인 웅변술과 처세술로 지식을 파는 소피스트에 맞서서 제자들에게 불멸하는 영혼에 대해 설파했습니다. 우리가 그를 철학가 중에서 유일하게 성인으로 추대하는 것은 자신의 철학을 죽음으로 실천했기 때문입니다.

스승의 억울한 죽음에 충격을 받은 플라톤은 영혼불멸설을 현실에 적용하여 이상 국가를 이룩할 토대를 마련하고자 했습니다.

그것이 『국가론』인데, 여기서 그는 인간의 영혼을 이성과 의지(기개)와 욕망으로 나누었습니다. 그리고 이성은 조물주가 창조하고, 비이성적인 의지와 욕망은 하위 신들에 의해 창조되었다고 보았습니다. 그래서 이성은 이데아에 대해 자명한 견해를 갖고 있고, 의지와 욕망은 본능에 따라 하강하려는 경향을 지니고 있다고 주장했습니다.

"영혼의 성숙을 위해서는 이성이라는 마부가
의지와 욕망이라는 말을 이끌어야 한다."(플라톤)

이처럼 영혼의 이성적인 부분을 중시한 플라톤은 인간의 육체가 영혼의 비이성적인 부분을 자극하여 이성의 지배와 경합하거나 그를 전복해버리기 때문에 무질서와 부조화를 심화시킨다고 봅니다. 플라톤에게 육체는 타락의 원흉입니다. 영혼의 비이성적인 부분에 쾌락적인 행동을 하도록 무분별하게 자극하여 식욕과 성욕 같은 욕망을 일으키고 탐욕으로 물들게 하기 때문입니다. 그러면 영혼은 순수한 자유를 망각하고 육체의 타성에 젖어 원 상태로 복원되는 데에 방해받는다고 생각했습니다. 그래서 그는 이성이 진리에 대한 지식을 통해 불완전한 욕망을 통제해야 한다고 주장합니다.

이러한 맥락에서 플라톤은 이성과 의지와 욕망의 관계를 각각 머리와 가슴과 배에 비유합니다. 여기서 이상적인 인간은 머리의 이성에 의해서 가슴의 의지와 배의 욕망을 잘 조절할 줄 아는 인간입니다. 따라서 이상적인 국가가 되려면 통치자 계급은 이성적 지혜를 갖춘 철학자가 맡아야 하고, 기개와 용기가 있는 군인이 수호자 계급을 맡아 절제가 필요한 생산자 계급을 다스려야 한다고 봅니다. 그리고 각 계급이 조화를 이룬 나라가 곧 이상 국가라고 정의했습니다.

이러한 플라톤의 영혼 삼분법에서 이성과 의지와 욕망은 삼위일체의 평등한 관계가 아니라 우열의 관계이며, 이는 곧 '진'의 중요성을 강조한 것입니다. 이러한 그의 철학이 이후에도 서양 사상을 지배하게 되었고, 이는 서양 문화가 편협한 이성 중심주의로 흐르게 된 원인입니다.

플라톤의 영혼 삼분법

플라톤이 비유한 머리와 가슴과 배의 관계를 뇌과학적 관점에서 보면 대뇌와 변연계와 뇌간의 관계로 볼 수도 있습니다. 과학자들은 생명 유지를 관장하는 뇌간을 파충류의 뇌, 감정을 주관하는 변연계를 포유류의 뇌, 사고를 관장하는 대뇌를 인간의 뇌라고 부르며 인간다움의 징표로 보고 있습니다. 생명체가 뇌간에서 변연계와 대뇌로 점진적으로 발전했기에 이들의 관계를 우열 관계로 본 것입니다. 그러나 뇌간에서 생명 유지 활동을 제대로 하지 못하면 다른 기능도 다 무력해지기에 이들 관계 역시 우열이 아니라 삼위일체로 보아야 합니다.

의지와 욕망을 이성보다 열등한 것으로 본 플라톤 철학은 오늘날 현대 철학에 오면 완전히 역전됩니다. 니체 이후 베르그송이나 메를로 퐁티, 들뢰즈에 이르면 오히려 감각이나 욕망이 이성보다 더 중요하게 다루어집니다. 이것은 보는 관점에 따라 우열이 전혀 달라질 수 있음을 의미하며, 포스트모던에 이르러 이루어진 시대정신의 변화로 볼 수 있습니다.

중세에서 근세로 넘어오면 과학 혁명과 종교개혁과 르네상스 운동이 일어납니다. 과학 혁명은 '진'의 차원이고, 종교개혁이 '선'의 차원이라면, 르네상스는 '미'의 차원에서 일어난 운동이지만, 개혁의 중심은 이성적인 과학이었습니다. 중세 시대의 신의 권위는 인간의 이성으로 대체되고, 예술 역시 과학적인 방식으로 변합니다. 다빈치 같은 화가는 예술가이기 이전에 훌륭한 과학자였습니다.

17세기 근대 철학의 아버지로 불리는 데카르트는 철학자이기 이전에 물리학자이자 수학자였습니다. 그는 확실하고 자명한 수학에 매료되어 수학적 증명을 철학에 적용했습니다. 불완전한 감각이 철학의 바탕이 되어서는 안 된다고 생각한 그는 불완전한 감각에 속고 있는 나를 의심하는 사유 주체로서의 나를 철학의 제1원리로 삼았습니다.

"나는 생각한다, 그러므로 나는 존재한다."(데카르트)

이 말은 내가 모든 것을 의심하더라도 내가 의심하고 있다는 사실만은 의심할 수 없다는 뜻입니다. 중세 신학에서 인간은 신의 권위에 눌려 노예처럼 맹목적인 순종을 강요받았습니다. 그러나 생각하는 주체로서의 '나'는 신에게 종속된 중세적 자아 개념을 완전히 뒤집었습니다. 사유하는 나를 통해 신으로부터 독립을 선언한 데카르트의 철학에 힘입어 이성적인 근대적 주체가 탄생한 것입니다.

데카르트는 이성의 빛에서 유래한 직관이 불완전한 감각이나 왜곡된 상상력과 달리 명료한 파악을 가능하게 한다고 생각했습니다. 그리고 이성이 참된 인식을 가능하게 하는 근거를 인간의 선천적인 '본유관념innate ideas'에서 찾았습니다. 본유관념이 생득적으로 내재하여 영원불변한 진리를 파악할 수 있게 한다고 본 것입니다.

그는 유한한 인간이 완전하고 절대적인 신을 상상한다는 것은 실재성을 가진 신이 존재하기에 가능하다고 봅니다. 우리가 상상할 수 있다는 것은 먼저 존재하기 때문에 가능하고, 존재하지 않는다면 상상할 수도 없다는 말입니다. 그리고 완전한 존재인 신은 우리를 속이지 않을 것이고, 그것이 우리가 자명하고 명석한 것을 참이라고 확신할 수 있는 근거라고 주장합니다.

**"의심은 불확실하고 불완전한 것이지만,
불완전함은 완전함을 전제로 하고
완전함은 신의 것이다."**(데카르트)

데카르트는 인간의 생득적인 본유관념이 의심의 여지없는 확실한 원리와 수학적 방식으로 이론을 추출함으로써 자연의 여러 현상을 설명할 수 있다고 보았습니다. 이처럼 신으로부터 선천적으로 받은 본유관념이 이성을 통해 다양하고 특수한 세계를 연역적으로 이해할 수 있다는 이론을 합리론이라 합니다. 이러한 합리론의 전통은 이후 스피노자와 라이프니츠로 이어지며 유럽 대륙 철학의 주요 흐름을 형성합니다.

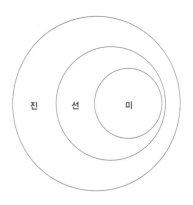

서양의 전통 철학과 합리론에서 진·선·미의 관계

합리론의 관점에서도 진·선·미의 관계는 서로 평등하지 못하고 과학적 진 안에 선과 미가 포함됩니다. 과학적 이성이 중심이 된 합리론에서 종교적 신비나 예술적 감성은 열등한 것으로 간주되었습니다.

그러나 직관에 의존하는 합리론은 인간이 인식할 수 있는 근거는 오직 경험뿐이라고 생각하는 영국의 경험론자들에게 공격을 받습니다. 로크, 버클리, 흄으로 대변되는 경험론자들은 인간의 영혼은 텅 비어 있는 백지상태이고, 인간의 지식은 오직 실제 감각적인 경험을 통해서 축적된다고 생각합니다. 그래서 감각의 한계는 인식의 한계이며, 신이나 영혼같이 감각할 수 없는 대상은 인간이 상상력으로 만들어낸 허상에 불과하다고 주장합니다. 이러한 관점에서 경험론자들은 실증 불가능한 것을 실존하는 것으로 간주하는 합리론을 독단이라고 비판합니다.

"감각적 인상은 인간의 의식에 가장 강렬하게 들어오는 지각이며, 심상적 관념은 단지 인상의 모사에 불과하다."(흄)

흄에 의하면, 감각적 인상은 인간의 의식에 가장 강렬하게 들어오는 지각이며, 심상으로서 관념은 단지 그러한 인상의 모사에 불과합니다. 감각적 인상이 관념에 선행한다는 이러한 주장은 논리 실증주의와 과학적 귀납법의 토대가 되었습니다. 그러나 감각적 인상에 의존하는 경험론의 귀납적 방법으로는 현상 너머의 궁극적인 본질에 도달하기에 한계가 있습니다. 따라서 경험론으로만 세계를 이해하고자 할 때는 회의주의로 빠질 수밖에 없는 한계에 직면하게 됩니다.

이처럼 대륙의 합리론과 영국의 경험론이 치열하게 다투고 있을 때 이들의 대립을 종합함으로써 철학사에 대두된 첨예한 갈등을 해소한 스타 철학자가 바로 칸트입니다.

순수이성비판:
인식과 사유를 구분하라

합리론자들이 지식의 원천을 이성으로 보고 경험론자들은 경험으로 보았다면, 칸트는 이성과 경험 어느 하나만으로는 올바른 지식을 얻을 수 없다며 양쪽 모두의 한계를 지적합니다. 그는 합리론을 내용 없는 사유라서 공허하다고 봅니다. 붕어빵의 틀이 있어도 밀가루 반죽이 없으면 붕어빵을 만들 수 없습니다. 또 개념 없는 직관을 믿는 경험론의 태도를 맹목적이라고 비판합니다. 밀가루 반죽은 있어도 틀이 없으면 같은 붕어빵을 찍어낼 수가 없기 때문입니다. 그래서 칸트는 감각적 직관만 있고 개념이 제 역할을 하지 못하면 불완전한 인식이 되고, 개념이 제 역할을 해도 직관이 없으면 내용 없는 인식이 된다고 생각했습니다.

**"내용 없는 사유는 공허하고,
개념 없는 직관은 맹목적이다."(칸트)**

칸트의 이러한 사유를 저는 '워킹 이론'이라고 부릅니다. 우리는 걸을 때 한 다리를 축으로 다른 다리를 내딛습니다. 이때 양다리는 워킹을 돕는 상생의 관계입니다. 우리가 대립으로 알고 있는 개념들이 사실은 양다리와 같습니다. 이론과 실천의 관계도 그렇습니다. 실천 없는 이론은 공허하고, 이론 없는 실천은 맹목적입니다.

칸트가 생각하는 이성은 플라톤이나 데카르트가 생각한 것처럼 단지 수학적이고 기하학적인 차원이 아닙니다. 그는 이성을 '앎'을 위한 이성과 '삶'을 위한 이성, 그리고 '희망'을 위한 이성으로 분화시켰습니다.

"나는 무엇을 알 수 있는가?"(순수이성) – 진
"나는 무엇을 행해야만 하는가?"(실천이성) – 선
"나는 무엇을 희망해도 좋은가?"(판단력) – 미

그리고 앎을 위한 이성에 관한 내용을 『순수이성비판』(1781), 삶을 위한 이성에 관한 내용을 『실천이성비판』(1788), 그리고 희망에 관한 이성을 『판단력비판』(1790)으로 체계화했습니다. 이 세 권의 저서를 통해서 그는 진·선·미 영역을 각각 범주화함으로써 진·선·미가 비로소 우열 관계에서 벗어나 평등 관계로 다루어지게 됩니다. 이것은 과학과 종교와 예술의 영역이 각각 독립하는 데 결정적인 근거를 제공하였고, 이러한 각 영역의 자율성이 근대성의 토대를 이루게 됩니다.

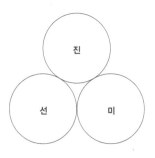

칸트의 철학에서 진·선·미의 관계

　칸트는 『순수이성비판』에서 인식의 대상과 사유의 대상을 구분하고자 했습니다. 그는 서양의 전통 형이상학이 신이나 영혼, 불사의 개념처럼 감성으로 인식할 수 없는 초월적인 대상을 인식의 대상으로 삼았다는 점을 문제 삼습니다. 감각으로 인식할 수 없다고 해서 존재하지 않는 것은 아니지만, 알 수 없는 세계를 안다고 믿는 것은 독단이라는 것입니다. 그래서 신이나 우주, 영혼, 우연 같은 지성으로 확실히 인식할 수 없는 대상은 인식이 아니라 사유의 대상으로 삼아야 한다고 주장합니다.

　칸트는 경험론의 입장에서 합리론의 독단주의를 경계하면서도 본질을 인정하지 않는 경험론의 한계를 사유의 대상으로 극복하고자 했습니다. 순수이성비판은 앎을 가능하게 하는 지성의 능력과 한계를 명확히 함으로써, 인식 너머에 존재하는 초월적 대상에 관한 사유를 열어 보였습니다. 이것은 어둠의 가장자리에서 밝음이 시작되듯이, 지성의 가장자리에서 참된 이성의 발판을 마련하고자 한 것입니다.

그는 플라톤에서 데카르트에 이르는 서양철학의 전통이 지성(오성)과 이성을 구분 없이 사용함으로써 이성의 기능을 편협하게 제한했다고 생각했습니다. 그래서 지성의 한계를 명확히 하기 위해 그는 인간이 세계를 인식하는 마음의 메커니즘으로서 감성과 상상, 지성의 관계를 섬세하게 분석했습니다.

감성은 대상의 정보를 받아들이는 입력장치인데, 칸트는 인간이 지닌 감성 능력은 선험적으로 장착된 시공간의 형식에 의해서 이루어진다고 주장합니다. 칸트 이전에는 대상이 주체에 앞서서 존재하고 그것을 있는 그대로 표상한다고 생각해왔습니다. 이러한 대상 중심적 인식론을 진리 대응설이라고 하는데, 여기서 참과 거짓의 판단은 대상과의 일치성이나 정확성에 의해 결정됩니다.

그러나 칸트의 주장대로 대상을 주관의 직관 형식에 따라 인식한다면, 우리가 인식하는 것은 '물자체Ding An Sich'가 아니라 주체가 주관적으로 구성한 것이 됩니다. 이것은 사물이 존재함으로써 그에 합당한 관념이 생기는 것이 아니라 그 사물에 대한 관념이 생김으로써 사물이 비로소 존재한다고 본 것입니다. 그렇다면 우리는 '물자체'를 있는 그대로 알 수 없고, 그것은 감성의 형식에 따라 달라집니다. 실제로 박쥐는 사물을 초음파로 인식하고, 개는 색맹이라 흑백으로 인식하기에 우리가 보는 대상과 전혀 다르게 대상을 인식하고 있습니다.

"'물자체'는 사유할 수는 있지만
인식할 수 없는 것이다."(칸트)

칸트가 말하는 물자체는 우리 앞에 나타나는 현상으로서의 '물物'이 아니라, 인식 주관으로부터 독립하여 존재하는 현상의 궁극적 원인으로서 초월적 대상입니다. 우리가 보는 현상이란 단지 감각에 주어진 소재를 주관의 시공간적 직관 형식에 의하여 질서 잡힌 의식 내의 것입니다. 그래서 그는 우리의 주관으로는 인식할 수 없는 불가지한 것이지만, 그 배후에 무언가가 있기에 '사유'가 요청된다고 주장한 것입니다.

물자체는 플라톤이 생각했던 이데아일 수 있고, 동양철학에서 말하는 기氣와 이理 같은 것일 수 있습니다. 후기구조주의자인 라캉은 이것을 '실재'라고 부르고 상상계와 상징계 바깥에 있는 표현 불가능한 세계라고 말합니다. 또 양자물리학에서 말하는 진동하는 파동일 수도 있고, 종교적으로 신의 현현으로 볼 수도 있습니다. 어쨌든 물자체는 인간이 철학적으로 과학적으로 종교적으로 인식하려고 노력하지만, 명확하게 알 수 없는 존재의 신비입니다.

이러한 칸트의 인식론에서는 대상을 객관적으로 거울처럼 반사하는 게 아니라 주관적으로 구성하기에 참과 거짓의 판단 기준은 주체의 인식능력에 따라 결정됩니다. 이것은 천동설을 지동설로 전환한 것처럼, 대상 중심의 인식론을 주체 중심으로 전환한 것이기에 코페르니쿠스적 전환이라고 부릅니다. 철학의 주제를 대상으로부터 인간의 선험적 인식 체계로 돌려놓은 것입니다.

**"일체 만물은 모두
우리 마음이 지어낸 것이다."(화엄경)**

이러한 주체 중심의 인식론은 불교의 유식론과 유사합니다. 화엄경에 나오는 '일체유심조一切唯心造'는 "일체 만물은 우리 마음이 지어낸 것이다"라는 의미입니다. 지어낸다는 것은 조작하고 구성한다는 의미로 세계가 주체 외부에 객관적으로 존재하는 것이 아니라 주관에 따라서 바뀔 수 있다는 것입니다. 때 묻지 않은 마음이 일체를 주관적으로 지어내기 때문에 마음이 잘못 인식하면 다툼이 일어나고, 바르게 인식하면 일체의 원인이 자기 마음에서 일어났다는 것을 알게 된다는 것이 불교의 가르침입니다.

유식론에서 말하는 '유식무경唯識無境'은 외부 사물은 내부 의식을 떠나서는 존재할 수 없고 오직 마음에 의지하여 존재한다는 의미입니다. 현대 양자물리학에서 말하는 '관찰자 효과'도 우리가 실제라고 생각하는 것이 사실은 우리의 뇌가 홀로그램을 만들어 일어난 현상으로 간주합니다.

서양철학사에서 칸트가 일으킨 혁명은 인식 불가능한 '물자체'와 인식 가능한 '현상'을 분리함으로써 지성의 한계를 명확히 하고, 물자체를 사유의 대상으로 삼은 점입니다. 물자체가 촉발한 정보를 감성이 시공간의 직관 형식으로 수용하면, 지성은 직관한 표상들을 비교하고 종합하여 개념을 만들고 판단하게 됩니다.

칸트는 감성의 선천적 형식이 있듯이, 지성도 선천적 형식에 의해 개념화가 이루어진다고 봅니다. 즉 단일성, 다수성, 전체성, 실재성, 부정성, 무한성, 실체성, 인과성, 상호작용성, 가능성, 현실성, 필연성으로 이루어진 열두 범주에 따라서 대상을 보편적 형식으로 인식한다는 것입니다. 그러면 상상(구상력)이 수동적인 감성과 능동적인 지성을 종합하고 도식화를 통해 매개합니다.

인간의 인식은 이처럼 감성과 지성과 상상의 3자 관계에 따라 생겨납니다. 그리고 인식할 수 없는 초월적인 세계는 이성이 사유를 통해 추론할 수 있습니다. 감성이 대상을 수신하는 직관의 능력이고, 지성은 지식을 만들어주는 판단과 개념화의 능력이라면, 좁은 의미에서 이성은 추론을 통해 단편적인 지식을 의미화하고 이념을 찾아내는 능력입니다. 지성에 의해 파악된 지식이 모두 의미가 있는 건 아니기에 이성은 지식을 사유하고 이념화하면서 지성의 월권을 통제하기도 합니다.

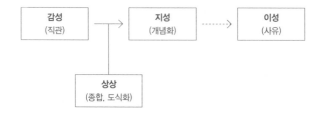

칸트 인식론의 메커니즘

칸트의 인식론에서 인식은 감성, 상상, 지성. 이성이라는 네 가지 회로가 작동하며 이루어지며, 기능적 필요에 따라 적합한 능력이 결합한다고 봅니다. 가령 인간이 세계를 체계적으로 인식하고자 할 때는 지성이 중심이 되어 보조 기능들의 도움을 받고, 실천적인 행동에 도움이 되는 선택을 할 때는 이성이 중심이 되어 다른 능력의 도움을 받는다는 것입니다. 그리고 미에 관한 관심을 충족하고자 할 때는 상상(구상력)이 중심이 되어 다른 능력의 도움을 받는다고 봅니다.

실천이성비판:
무조건적 선의지의 명을 따르라

『순수이성비판』에서 칸트가 내린 결론은 지성의 선험적 종합 인식으로는 수학이나 물리학을 발달시킬 수는 있어도 초감각적인 신이나 영혼, 자유와 같은 초월적인 예지계를 인식할 수 없다는 것입니다. 이것은 본유관념을 통해서 예지계를 알 수 있다고 생각한 합리론의 한계를 지적한 것입니다. 그러나 동시에 경험론자들처럼 예지계를 포기하지 않고, 실천이성을 통해 초감성적인 예지계로의 길을 터놓았습니다. 그는 순수이성으로는 물자체가 인식되지 않지만, 실천이성에 의해서는 도덕적 행위에 대해 일정한 타당성을 갖는다고 보았습니다.

그런 점에서 지성과 구별된 이성은 최고의 인식능력으로 지성에 의해 구성된 것을 사유를 통해 통일로 이끈다고 봅니다. 감성적으로 알 수 있는 것은 순수이성으로 해결하고, 알 수 없는 초감성적인 예지계는 실천이성을 통해서 해결하라는 것입니다. 실천이성을 통해서 칸트는 진·선·미 중에서 진을 으뜸으로 생각해온 서양철학의 오류를 수정하고, '선'을 도덕 철학의 영역으로 다루었다는 점에서 의의가 있습니다.

과학적 지식으로 핵무기를 만드는 것은 가능하지만, 핵무기가 선을 위해서 사용된다는 보장은 없습니다. 순수이성은 과학적 법칙을 발견할 수는 있어도 도덕과 윤리의 측면에서는 판단 근거가 없습니다. 인간은 지식을 합리화하여 얼마든지 악을 저지를 수 있습니다. 그러나 인간에게는 남을 괴롭히고 살인을 저지르는 사람을 보면 분노하고, 남을 속이고 거짓말하는 것을 부끄럽게 생각하고 죄책감을 느끼는 마음이 있습니다. 또 노약자나 어려운 사람을 보면 동정하는 마음이 생기기도 합니다.

이러한 마음은 인간에게 선한 본성이 내재해 있다는 걸 의미합니다. 칸트는 이러한 인간의 선한 본성을 '선의지Good Will'라고 부릅니다. 그리고 이것이 어떤 성문화된 법보다 우선하는 온 인류의 기본법이라고 주장합니다. 그것은 인간으로서 지켜야 하는 수동적인 의무일 뿐만 아니라 스스로가 자율적으로 제정하는 능동적인 입법이기도 합니다.

예수의 사랑, 석가모니의 자비, 공자의 인과 같은 개념은 모두 이러한 선의지의 표상입니다. 위대한 성인들은 한결같이 경직된 율법이나 사회적 규범보다 양심으로서의 선의지의 중요성을 설파했습니다. 이 선의지가 경직된 율법과 형식으로 대체될 때 선을 가장한 타락이 이루어집니다. 율법과 형식은 양심의 항생제와 같습니다. 여기에 얽매이게 되면, 선의지의 자발성이 차단되기 때문입니다. 그래서 칸트는 선의지를 마음에서 나오는 무조건적인 명령으로 정의합니다.

> **"그대가 하고자 꾀하는 것이 동시에 누구에게나**
> **통용될 수 있도록 행하라!"**(칸트)

선의지는 양심의 무조건적인 명령을 따르는 것이기에 칸트는 이를 '정언명령定言命令'이라고 불렀습니다. 그렇지 않고 선행이 어떤 목적이나 조건이 붙으면 '가언명령假言命令'이 됩니다. 가령 "나에게 돈을 주면, 원하는 것을 들어주마"라는 말은 가언명령입니다. 부모가 자식에게 주는 사랑도 정언명령이 아닌 경우가 많습니다. "나에게 효도하면, 재산을 물려주마" 하는 것도 가언명령입니다.

모든 종교의 핵심은 무조건적인 선의지를 발현하는 것입니다. 그렇지 않고 구원을 조건으로 보험사처럼 조건적으로 운영하는 종교는 문제가 있습니다. 이러한 신앙은 조건에 합당한 대가를 받지 못하면 무너지기 쉽습니다. 그래서 칸트는 무조건적인 선의지야말로 최고의 도덕이자 정의라고 주장합니다.

법은 정의를 추구하지만, 법과 정의가 일치하는 것은 아닙니다. 법을 어기는 사람보다 법을 이용하는 사람이 더 문제입니다. 법의 약점을 너무 잘 알아 교묘하게 이용하여 악을 합리화하기 때문입니다. 그러나 선의지가 있는 사람은 항상 정의롭습니다. 정언명령은 우리의 행위가 언제 어디서나 정당성을 확보할 수 있는 윤리입니다.

그 점에서 칸트의 정언명령은 "남에게 대접을 받고자 하는 대로 너희도 남을 대접하라"라는 예수의 황금률이나 "내가 당하기 싫은 일은 남에게도 하지 말라"는 공자의 말과 같은 맥락이라고 할 수 있습니다. 본성으로부터 나오는 선의지의 정언명령은 '참나'가 이기적인 '에고'에게 하는 명령이기 때문입니다.

인식이 대상을 표상하는 능력이라면, 의지는 마음속에 있는 것을 구체적으로 실현하는 능력입니다. 그러나 칸트는 식욕이나 성욕처럼 신체적 지배를 받는 욕망과 선의지를 구분합니다. 신체적 욕망을 따르는 의지를 '경향성inclination'이라고 하는데, 칸트는 선의지가 경향성에 지배당하면 안 된다고 주장합니다.

가령 내가 배고파서 죽을 지경이 되면 남의 것을 훔치고 싶은 경향성이 생깁니다. 그러나 그런 상황에서 선의지가 작동하면 자신보다 더 어려운 사람을 도울 수도 있습니다. 경향성을 따르는 것은 남에게 피해를 줄 수 있기에 나의 의지의 기준이 보편적 입법이 되려면, 경향성으로부터 자유로운 선의지의 정언명령을 따라야 한다는 것입니다.

얼마 전 한 할머니가 평생 김밥을 팔아 모은 50여억 원에 달하는 돈과 부동산을 익명으로 대학교에 기부한 적이 있습니다. 이것은 경향성을 따른 행동이 아니라 선의지의 정언명령을 따른 숭고한 행동입니다. 본능적인 경향성을 따랐다면, 그 돈을 자신을 위해 쓰거나 자손들에게 유산으로 물려줄 것입니다.

성경에는 사마리아 사람에 관한 이야기가 나옵니다. 한 유대인이 강도한테 피격당해 죽어가고 있을 때 지나가던 제사장과 레위 사람은 도와줬다가 피해를 볼까 두려워 그냥 지나쳤습니다. 그런데 유대인에게 멸시를 당하던 사마리아 사람은 피격당한 유대인을 업고 여관으로 데려다주고 주인에게 잘 보살펴달라고 당부하고 떠났습니다. 이것은 자신의 안위를 생각하는 경향성에서 나온 조건적 행동이 아니라 무조건적인 선의지를 따른 결과입니다.

이와 반대되는 이야기도 있습니다. 1964년 뉴욕 퀸즈의 주택가에서 키티 제노비스라는 여인이 칼에 찔리고 겁탈당한 사건이 있었습니다. 겁탈당하는 동안 그녀는 도와달라고 소리쳤지만, 현장에 있던 38명의 목격자들은 경찰에 신고조차 하지 않았습니다. 충격에 빠진 미국인들은 자신에게 위험이 없는데도 곤경에 처한 사람을 도와주지 않을 때 처벌하는 '착한 사마리아인 법'을 제정했습니다.

하지만 선의지의 정언명령은 이렇게 특별한 내용으로 규정할 수 없습니다. 성문화할 수 없기에 예수는 율법 대신 선의지로서의 사랑을 외친 것입니다.

수년 전 일본에 사는 한국인 청년이 도쿄의 지하철역에서 선로에 떨어진 일본인 취객을 구하려고 뛰어들었다가 사망하는 사건이 있었습니다. 일본의 식민 통치를 받은 한국은 일본에 대해 아직도 적대 감정을 갖고 있지만, 이 행동은 국적을 떠나 큰 감동을 주었습니다. 일본인들은 그에게 훈장을 수여하고 영화를 만들어 추모하기도 했습니다. 우리가 이러한 사건에 감동하는 건 선의지가 인간의 보편적 본성이라는 증거입니다.

인간은 유한한 존재로 인과에 지배를 받지만, 다른 한편으로는 신성이 있어서 초월적이고 자유로운 존재입니다. 그래서 칸트는 인간을 단순히 도구로 다루지 말고 목적으로서 대하고 존중해야 한다고 주장합니다.

> **"너 자신과 다른 모든 사람의 인격을 단순히 수단으로만 대하지 말고 언제나 동시에 목적으로 대하라."**(칸트)

사기꾼의 친절함 뒤에는 반드시 어떤 다른 목적이 숨겨져 있습니다. 인간을 목적으로 대한다는 것은 남의 인격을 존중하고, 절대적인 가치를 지닌 인격체에 합당한 존엄한 대우를 하는 것입니다. 칸트는 그런 사람들이 모인 공동체를 "목적의 왕국"이라고 부르고, 목적의 왕국에서 최고선이 구현될 수 있다고 보았습니다. 우리는 누구나 행복을 원하지만, 무엇이 행복인지, 정확히 무엇을 원하는지 알지 못합니다. 그래서 부와 명예, 지식 같은 것에 집착합니다. 칸트에게 진정한 행복은 온갖 자연적 욕구의 충족에 뒤따르는 감각적인 쾌락이 아니라 도덕적인 존재에게 가능한 것입니다.

칸트 이전의 윤리학은 정신적 행복과 쾌락을 추구하는 에피쿠로스학파와 도덕과 규범을 실천하기 위해 절제와 금욕을 중시하는 스토아학파로 양분되고 있었습니다. 그러나 칸트는 이들의 윤리학이 이율배반적이고, 최고선의 양면성을 표현한 것이라고 봅니다.

칸트가 말하는 최고선에 의하면 도덕성에 비례하여 행복을 얻습니다. 적폐가 많은 후진국일수록 규칙을 지키면 손해를 보지만, 선진국일수록 도덕적인 사람이 보상을 받게 됩니다. 우리가 희망하는 사회는 도덕성과 행복이 일치하는 사회입니다. 그러려면 도덕적으로 행동했을 때 행복이 보장되어야 하는데, 현실은 그렇지 못합니다. 이를 보장하기 위해서 칸트는 영혼의 불멸과 신이 요청된다고 주장합니다. 신이 있어야 도덕성을 갖춘 상태와 행복한 상태가 일치되기를 원하는 우리의 소망을 충족해줄 수 있기 때문입니다.

순수이성으로 신을 증명할 수 없지만, 실천이성의 관점에서 신이 요청된다는 것입니다. 존재한다는 말과 요청된다는 말은 뉘앙스가 다릅니다. 신은 순수이성의 관점에서는 가설이지만, 도덕이 우리에게 부과하는 최고선을 실현해야 할 의무와 결합한 실천적 관점에서는 반드시 필요한 존재입니다. 도덕법칙은 자신의 자유로운 의지가 세운 법칙이지만, 동시에 최고 존재자인 신의 명령이기 때문입니다. 우리는 도덕적으로 완전하고 전능한 의지에 의해서만 최고선을 바랄 수 있습니다.

"생각하면 할수록 새롭고 감탄과 경외심이 드는 두 가지는
내 위에 있는 별이 빛나는 하늘과
내 마음의 도덕법칙이다."(칸트)

칸트의 묘비에 적혀 있는 이 말은 내 안에 내재한 실천이성으로서의 선의지가 나의 인격과 자유를 부여하고 광대한 우주와 맞설 수 있는 용기를 준다는 의미입니다.

판단력비판:
반성적 판단력으로 살아가라

•
○

칸트 이전의 서양철학의 지배적 조류였던 합리론은 이성에 의한 확실한 지식만을 중시하고, 감성은 자의적이어서 세계의 신비를 푸는 데 미흡하다고 생각했습니다. 이러한 분위기에서 감성의 중요성을 최초로 주목한 사람은 독일의 시인이자 철학자였던 바움가르텐Alexander Gottlieb Baumgarten입니다. 그는 확실한 것만 사실로 인정하는 수학이나 논리학으로는 발견할 수 없는 세계를 감성이 보완해줄 수 있다고 생각했습니다. 그리고 지성적 합리성과 구분되는 감성의 독립적 지위와 원리를 체계화하여 '미학Aesthetics'이라고 불렀습니다. 미학이라는 용어를 처음 사용한 사람은 바움가르텐입니다. 그러나 그에게 미학은 논리학의 한계를 보완하는 하위 인식론 정도로 다루어졌습니다.

칸트는 『판단력비판』에서 바움가르텐의 미학을 비판적으로 계승하고 전통 형이상학에서부터 완전히 독립시켜 '초월론적 취미판단'으로 발전시킵니다. 서양의 고대 철학에서 미는 황금비처럼 외부에 절대적으로 존재하는 객관적인 아름다움이라고 생각했습니다. 그러나 칸트의 미학에서 미는 인식론적으로 객체의 원리가 아니라 주체의 취미판단으로 다루어집니다. 설사 외부에 객관적인 미가 존재한다고 해도 그 형식이 주체의 내부에서 취미판단을 자극하기에 의미가 있다는 것입니다.

이것은 "아름다움이란 무엇인가?"라는 미의 본질에 대한 철학을 주관의 의식, 즉 "내가 어떻게 아름다움을 느낄 수 있는가?" 하는 미의식의 문제로 전환한 것입니다. '미'라는 객관적 존재가 있어서 그것을 보고 쾌감을 느끼는 게 아니라 내가 쾌감을 느끼기에 아름답다는 것입니다. 이러한 발상의 전환으로 미학은 객관론에서 주관론으로, 모방론에서 표현론으로, 미의 철학에서 취미판단의 심리학으로 전환하게 됩니다.

칸트가 『판단력비판』을 집필한 이유는 법칙성에 대한 인식능력인 순수이성과 목적성에 따른 의지 능력인 실천이성을 분리한 후 순수이성과 실천이성을 매개할 필요가 생겼기 때문입니다. 이처럼 상대적인 것은 두 다리처럼 상생의 관계일 때 제 기능을 발휘할 수 있습니다. 균형이 무너져 짝다리가 되면 제대로 걸을 수 없기 때문입니다.

순수이성이 왼 다리이고 실천이성이 오른 다리라면,
판단력은 이 두 다리를 활용하여
걷는 능력이라고 할 수 있다.

두 다리가 아무리 튼튼해도 걷지 못하면 소용이 없습니다. 칸트에게 미는 진과 선을 가교하고, 미학은 자연법칙을 탐구하는 과학과 초월적 자유를 추구하는 종교를 이어주는 기능을 합니다. 이로써 가시적 현상계를 다룬 과학과 초월적 예지계를 다룬 종교 사이에서 미학의 독자적인 역할이 생겼고, 진·선·미가 '삼위일체'의 관계로 정립되었습니다. 순수이성이 '앎'의 문제를 해결하고, 실천이성이 '삶'의 문제를 해결한다면, 판단력은 이들은 두 다리로 삼아 '희망'을 향해 걸어가는 것입니다.

칸트는 『판단력비판』에서 "우리는 무엇을 희망할 수 있는가" 하는 문제를 해결하고자 했습니다. 우리는 누구나 행복을 희망할 것입니다. 만약 불행을 느낀다면 진·선·미의 균형이 깨졌다는 것을 의미합니다. 4차 산업혁명을 앞둔 오늘날 과학의 발전은 한 다리만을 튼튼하게 하여 짝다리로 만들고 워킹을 어렵게 만들고 있습니다. 칸트의 『판단력비판』은 미를 통해 진과 선의 두 다리의 균형을 맞추고, 희망을 향해 걷는 방식을 다루고 있다고 할 수 있습니다.

우리의 감정이 제대로 작동한다면 우리가 희망하는 아름다운 세계에 도달할수록 쾌감이 느껴질 것이고, 그 반대로 가고 있다면 불쾌감이 느껴질 것입니다. 미적 판단의 근거는 진위나 선악이 아니라 쾌감과 불쾌감의 정도로 이루어집니다. 그러나 마약과 같이, 어떤 쾌감은 일시적인 쾌감을 주면서 결과적으로 불쾌감에 이르게 하는 경우가 있고, 반대로 일시적인 불쾌감을 주면서 결과적으로 쾌감에 이르게 하기도 합니다.

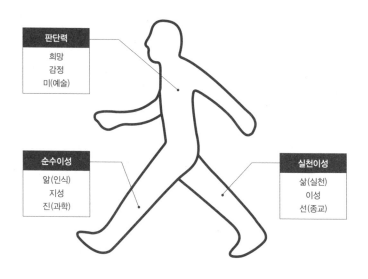

칸트의 비판철학에서 진·선·미의 관계

그래서 칸트가 시도한 방법은 다양한 종류의 쾌감을 분석하고 그로부터 미적인 쾌감을 구분해내는 일이었습니다. 이것을 '취미판단judgement of taste'이라고 합니다. 그는 순수한 미적 쾌감을 판정할 수 있는 '취미판단'을 규명하고자 했습니다. '취미'는 자신에게 일어나는 감흥을 식별하여 아름다운 대상을 이해하고 감상하는 능력입니다. 미식가들은 맛에 대한 독특하고 예민한 취미가 있어서 맛있는 음식을 찾아다닙니다. 그러나 이러한 '감관 취미'는 자연미나 예술미를 판단할 수 있는 미적 쾌감과 질이 다른 것입니다.

칸트는 미적 판단의 중요한 특징이 규정적 판단과 달리 반성적 판단으로 이루어진다는 점을 강조합니다. 규정적 판단은 보편적 기준과 규범이 이미 주어져 있고 그 기준에 따라 판단을 내리는 것입니다. 예를 들어 운동경기에서 심판이 내리는 판정이나 판사가 법정에서 내리는 판결은 규정적 판단입니다. 칸트는 이러한 규정적 판단력을 "특수를 주어져 있는 보편에 포섭시키는 능력"이라고 정의합니다.

규정적 판단은 규정만 알면 수학 공식처럼 적용하면 됩니다. 이런 규정들은 인간이 어떤 목적을 위해 임시로 만든 것들입니다. 그러나 그것이 굳어지면 억압의 도구가 될 수도 있습니다. 또 살다 보면 규정할 수 없는 우연적이고 돌발적인 상황에 직면하게 됩니다. 그래서 "인생은 정답이 없다"라고 하는 것입니다. 정답이 없지만 우리는 수많은 갈림길에서 고독한 판단을 내려야 합니다. 지도에도 나오지 않은 갈림길을 만나더라도 우리는 선택을 내려야 합니다.

이처럼 의존할 만한 규정이 없을 때는 습관적으로 하던 판단을 중지하고 새로운 상황에 부합하는 특별하고 새로운 규정을 찾아야 합니다. 칸트는 이처럼 특수한 상황에서 보편적 규정을 발견하는 능력을 '반성적 판단력'이라고 부릅니다.

"미적 판단은 반성적이다.
'반성적 판단력'은 특수만이 주어져 있는 상황에서
그 개별자가 포섭되면 좋을 보편을 발견하는 능력이다."(칸트)

'반성적Reflective'인 태도는 판단의 기준을 내면에서 찾고 성찰하는 것입니다. 미와 예술의 판단은 정해진 규칙이나 규범에 따라 이루어지는 것이 아니라 새로운 규칙을 찾고 모색하는 것이기에 '반성적 판단력'에 의지합니다. 이때는 엄밀한 객관성과 필연성을 단언할 수 없기에 어쩔 수 없이 자신의 주관성을 반영해야 합니다. 객관성이 있더라도 그것은 지성과 개념 너머의 규정되지 않은 것입니다.

지성과 개념으로 이해할 수 없는 대상을 접하면, 우리는 처음에는 규범에 포섭시키려고 노력하다가 여의치 않으면 비로소 '상상력'을 작동시킵니다. 그래서 이해 불가능한 감성적 이념을 직관 가능한 형식으로 파악하려고 노력하게 됩니다. 이러한 상상력의 발동은 목적지가 정해지지 않은 유희이며, 이내 지성의 도움을 얻어 개념을 초월한 창조적 종합을 이루게 됩니다.

칸트에게 예술가는 자연처럼 예술의 규칙을 규정하는 천재이고, 감성적 이념을 무의식적으로 현시할 수 있는 사람입니다. 여기서 '감성적 이념'은 "상상력을 작동시켜 많은 것을 사고하도록 유발하지만, 어떠한 특정한 개념으로 표상할 수 없고 어떤 언어로도 온전히 설명할 수 없는" 정신의 상태입니다. 이것은 설명하거나 전달할 수 없고, 가르치거나 배울 수도 없기에 무의식적인 차원으로 존재합니다.

실제로 좋은 작품은 우리의 지성과 개념으로 설명할 수 없는 그 무엇을 열어 보입니다. 위대한 예술작품에는 지성의 그물을 미꾸라지처럼 빠져나가며 우리를 끊임없이 반성적 사유로 몰고 가는 감성적 이념이 담겨 있습니다. 이것이 없는 작품은 오아시스 없는 사막처럼 우리를 생기 넘치는 미의식으로 인도하는 힘이 부족합니다. 그러나 감성적 이념이 담긴 작품은 우리의 상상력을 작동시켜 자유로운 유희를 즐기게 하고, 반성적 판단력으로 우리에게 미를 경험하게 합니다.

이러한 미적 체험은 신나게 운동해서 신진대사가 활발해진 상태의 상쾌한 기분처럼 우리의 뇌세포들이 활성화되어 생기는 쾌감입니다. 순수한 미적 대상은 우리의 반성적 판단력을 작동시켜 잠자는 미의식을 활성화시켜줍니다. 우리가 아름다운 대상에서 느끼는 쾌감은 우리 내면의 미적 본성이 공명될 때 나타나는 증상입니다.

앞에서도 언급했지만, 칸트의 관심사는 미의 철학적 본질을 규정하는 것이 아니라 "우리가 미를 어떻게 판단할 수 있는가?" 하는 '취미판단'의 문제입니다. 그래서 그는 취미판단이 순수이성이나 실천이성의 판단과 어떻게 다른지를 규명하고자 네 가지 계기, 즉 질적, 양적, 관계적, 양태적 계기를 제시합니다.

"미는 (질적으로) 무관심적 쾌감이다."

대개 어떤 대상에 관심을 가질 때 우리는 저게 돈이 되는지, 얼마나 쓸모가 있는지 이해관계를 따지게 됩니다. 또 배고플 때 음식을 먹어서 생기는 감관 쾌감이나 착한 일을 했을 때 느껴지는 도덕적 쾌감은 나의 관심에 따라 생기는 쾌감입니다. 그래서 칸트는 이러한 쾌감과 미적 쾌감을 질적으로 구분하기 위해 취미판단을 '무관심성'에서 찾습니다. 멋진 풍광이나 꽃밭을 보면서 생기는 쾌감은 어떤 이해관계나 도덕적 공리에서도 자유롭기에 '무관심적'이라는 것입니다.

사실 우리는 각자의 관심으로 대상을 바라봅니다. 목재상은 나무를 보면서 저게 얼마나 경제적 가치가 있을까를 생각할 것입니다. 또 식물학자는 저 나무를 다른 나무와 관련해서 어떻게 분류하고 규정할까를 고민할 것입니다. 그러나 예술가는 그러한 관심들에서 벗어나 나무를 순수하게 심미적 가치로 봅니다.

이러한 칸트의 무관심적 심미론은 "예술의 자율성"과 "예술을 위한 예술"을 주장하는 모더니즘 예술가들에게 큰 영향을 주었습니다. 모더니스트들은 이러한 이론에 심취하여 도덕적 내용이나 과학적 방법에서 벗어나 순수한 형식 자체의 아름다움을 추구하게 됩니다. 이것이 형식주의 미학이고, 여기에서 추상미술이 나오게 된 것입니다. 그럼으로써 모더니즘 예술은 정치나 경제, 사회, 도덕 등의 다른 분야에서 독립하여 내재적 법칙을 통한 자율성을 확보하고자 했습니다.

"미는 (양적으로) 개념 없는 보편적 쾌감이 있다."

취미판단의 질적인 계기가 '무관심성'이라면, 양적인 계기는 "개념 없는 보편성"입니다. 우리는 일반적으로 보편성은 개념이고, 개념이 없으면 보편성이 불가능하다고 생각합니다. 그러나 칸트는 미는 개념이 없이 보편성을 갖는다고 봅니다. 즉 내가 어떤 대상에서 아름다움을 느끼면 다른 사람도 유사하게 느낀다는 것입니다. 이것은 분명 논리적이고 객관적인 차원의 보편성은 아니지만, 충분한 공감과 동의를 요구할 수 있는 수준이기에 칸트는 '주관적 보편성'이라고 합니다. 사실 이러한 주관적 보편성이 없으면 예술은 성립하기 어렵습니다.

가령 방탄소년단이나 블랙핑크를 좋아하는 것은 주관적인 차원이고 취향에 따라서 싫어하는 사람도 있을 것입니다. 그런데 나만 좋아하는 게 아니라 팬덤이 형성된다는 것은 그 주관성이 보편성을 갖고 있음을 의미합니다. 칸트는 이것이 가능한 이유를 우리에게 선험적으로 내재한 공통 감각이 있기 때문이라고 봅니다.

"미는 (관계적으로) 목적 없는 합목적성의 형식이다."

취미판단의 관계적 계기는 "목적 없는 합목적성"입니다. 감관 판단이나 사실 판단, 논리 판단, 도덕 판단은 모두 어떤 목적에 근거하여 판단이 이루어집니다. 그러나 우리가 자연이나 예술작품에서 느끼는 쾌감은 목적과 무관하게 오직 감상자의 상상력과 지성의 우연한 조화 상태를 반성적으로 느낄 때 생기는 것입니다. 그것은 부분과 전체의 관계적 측면에서 서로 다른 형상이 유기적으로 다양의 통일을 이루고 있는 형식에서 오는 쾌감입니다.

그런 측면에서 종교 예술이나 정치 선전 예술은 진정한 예술이라고 할 수 없습니다. 종교적, 정치적 목적에 근거해서 미를 판단하기 때문입니다. "목적 없는 합목적성"은 주체가 대상에게서 무슨 목적을 감지하게 요구하는 것이 아니라 유쾌한 느낌에 부합하는 목적을 불러일으키기만 하면 됩니다. 이러한 형식을 관조할 때 우리는 어떠한 제약 없이 자유롭고 능동적으로 대상의 조화롭고 통일된 형식을 성찰하게 됩니다.

"미는 (양태적으로) 개념 없이 필연적인 쾌감을 준다."

취미판단의 양태적 계기는 "주관적 필연성"으로 "주관적 보편성"과도 통하는 개념입니다. 주관적 보편성이 내가 느끼는 쾌감을 타인에게도 느낄 것을 요구하는 것이라면, 주관적 필연성은 상상력과 지성이 최적의 비율로 조화될 때 필연적으로 느끼는 쾌감을 의미합니다.

이것이 가능하기 위해서는 인간들의 마음에 미를 판단할 수 있는 동일한 소프트웨어가 설치되어 있어야 합니다. 그래야 같은 정보를 같은 방식으로 처리하기 때문입니다. 칸트는 인간이 동일한 사태 앞에서 감성적 보편성과 필연성을 확보할 수 있는 것은 '공통감Common Sense'이 있기 때문이라고 봅니다. 공통감은 논리적이고 이성적인 합의에 따라 도출된 것은 아니지만, 모든 인간이 미를 공통적으로 느낄 수 있는 능력을 말합니다. 이러한 능력이 있기에 우리는 미를 공감할 수 있고, 보편성과 필연성을 획득할 수 있는 것입니다.

이러한 보편성과 필연성이 보장되지 않으면 학문으로서의 미학은 성립할 수 없습니다. 학문은 보편성과 필연성을 중시하기 때문입니다. 공통감은 주관적인 원리이고 선험적인 가설이지만, 이것이 전제되지 않으면 소통 자체가 불가능하기에 미학도 설 자리가 없게 됩니다. 그뿐만 아니라 공통감이 없다면 예술작품을 보고 보편적 공감대를 느낄 수 없기에 예술도 존립할 수 없습니다. 좋은 예술가는 가장 자기다운 개성을 통해서 보편성을 추구합니다. 개성만 있고 보편성이 없거나 보편성은 있는데 개성이 없으면 좋은 작품이 될 수 없습니다.

칸트에게 공통감은 미적 쾌감의 '필연성'과 '보편성'을 보증하는 선험적 원리입니다. 순수이성에서 '시공간 형식'과 '범주'가 인식을 위한 선험적 조건이고, 실천이성에서는 선의지의 '정언명령'이 도덕을 위한 선험적 조건이었다면, 취미판단에서는 '공통감'이 선험적 조건입니다. 이것은 후천적인 경험이 아니라 선천적 능력이기에 칸트의 철학은 선험철학이고, 동양의 성리학처럼 인간의 본성을 다루고 있다고 볼 수 있습니다.

이 같은 본성론이 함의하는 바는 진리가 외재하여 존재하는 게 아니라 인간 안에 선천적으로 내재한다고 보고 내 안에서 진리를 추구한다는 점입니다. 그리고 그러한 본성이 외부 대상과 와이파이처럼 수신하고 공명함으로써 작용한다는 것입니다.

칸트의 미학은 모더니즘에서 포스트모더니즘에 이르기까지 현대예술에 지대한 영향을 주었습니다. 심미론, 즉 취미판단 이론이 모더니즘 예술의 자양분이 되었다면, 숭고론은 포스트모던 예술에 영향을 주었습니다. 칸트가 활동하는 18세기 말의 유럽 예술계는 고전주의가 정점을 지나고 낭만주의가 대두되는 시기입니다. 칸트는 계몽적 이성주의자이면서 동시에 인간의 내면적 자유를 해방하려 했다는 점에서 낭만주의 미학의 선구자로도 볼 수 있습니다.

"미가 상상력과 지성의 결합이라면,
숭고는 상상력과 이성의 결합이다."(칸트)

칸트의 비판철학은 거시적인 경험으로 이해하는 지성으로서의 순수이성과 윤리적인 행동을 가능하게 하는 실천이성을 감정의 판단 능력으로 매개하는 것입니다. 그에게 지성은 감각을 통해 경험되는 자연을 분류하고 법칙을 찾아내는 판단 능력이라면, (실천)이성은 초감성적인 우주나 영혼이나 신을 사유할 수 있는 능력입니다. 칸트는 미가 상상력과 지성(순수이성)을 결합하고, 숭고는 상상력과 이성(실천이성)을 결합한 것이라고 보았습니다.

칸트 철학에서 미와 숭고의 관계

미와 숭고를 비교하면서 칸트는 미가 대상의 한정된 형식에서 오는 쾌감이라면, 숭고를 무한정성의 무형식에서 오는 감정이라고 정의합니다. 또 숭고를 거대한 크기에서 유발되는 수학적 숭고와 무시무시한 힘에서 느껴지는 역학적 숭고로 분류합니다.

수학적 숭고는 나이아가라폭포나 이구아수폭포처럼 크기가 너무 커서 그것을 파악하려는 우리의 상상력을 압도하는 대상에게 일어나는 감정입니다. 아주 거대한 규모의 무언가가 경험적으로 주어지면 절대적 총체성을 요구하는 이성은 상상력에게 그 대상을 파악할 것을 요구하지만, 그 능력의 한계로 대상에 압도당하며 상상력의 마비가 일어납니다. 그때 초감각적 능력인 이성이 작동하여 전체로서의 무한을 사유하게 하면서 불쾌의 감정에서 쾌로의 반전이 일어납니다.

역학적 숭고는 깎아지르는 듯한 절벽과 천둥을 몰고 오는 구름, 화산과 태풍과 같이 우리를 무력하게 만드는 강력한 힘에 직면하여 일어나는 감정입니다. 그때 우리는 오직 두려움과 공포를 느끼면서도 다른 한편으로는 우리 자신이 안전한 위치에 있다는 것을 인식하며 안도의 쾌감을 느낍니다.

"숭고는 오로지 불쾌감을 통해서 도달한 쾌감이다."(칸트)

우리의 직관과 상상력으로 표상할 수 없는 거대한 정보가 들어오면 우리 마음의 표상 소프트웨어가 작동을 멈춰버립니다. 그래서 오직 쾌감만을 동반하는 미와 달리 숭고는 반드시 불쾌감을 동반합니다. 미를 체험할 때 우리의 인식은 자유로운 상상력의 유희와 지성이 조화되어 인식능력이 최대치에 이르러 무관심한 쾌감이 일어납니다. 그러나 숭고 체험에서는 지성이 개입되지 못하고 각기 능력들이 갈등과 반목을 하면서 오는 부조화가 폭력적으로 느껴집니다.

숭고를 미적 범주에 포함할 수 있는 이유는 이미지를 표상할 수 없다고 해서 생각의 작동이 끝나는 게 아니라 우리의 사고를 스스로 갱신하고 확장성을 열어 보일 수 있기 때문입니다. 이것이 기계와 다른 인간의 위대한 능력입니다. 기계는 자동 업그레이드가 불가능하지만, 인간은 한계에 직면하면 스스로 업그레이드가 가능한 존재입니다. 더 큰 용량의 정보를 처리할 수 있는 프로그램으로 업그레이드되면, 기존 프로그램에서 느꼈던 불쾌감은 쾌감으로 변합니다. 이것은 우리의 이성이 무한히 확장 가능하다는 것을 의미합니다.

우리는 자신의 한계를 느끼기 전에는 스스로 업그레이드의 필요성을 느끼지 않습니다. 그러나 위기에 빠졌을 때는 생명력과 갱생의 필요성이 절실해집니다. 이것이 우리 삶에서 숭고 체험이 절대적으로 필요한 이유입니다.

자연의 숭고는 우리 안의 이성을 일깨우기 위해서 있을 뿐이기에 숭고 체험 속에서 경험되는 것은 자연의 공포라기보다 우리 마음에 잠자는 신비입니다. 숭고 체험을 통해서 우리의 의식은 성장할 수 있습니다. 요가를 할 때는 평소 사용하지 않던 근육을 사용함으로써 굳은 몸을 이완시키고 자유롭게 합니다. 마찬가지로 우리는 숭고 체험을 통해서 정신적으로 자유로워질 수 있습니다. 그때 생기는 고통은 굳으면서 생기는 고통이 아니라 굳은 것이 풀리면서 생기는 고통이기에 희망이 있는 고통이라고 할 수 있습니다.

질문　　제가 생각하는 '이성'과 칸트가 사용하는 '이성'에는 차이가 있는 것 같아 혼돈스럽습니다. 칸트가 말하는 이성의 개념을 정확히 알고 싶습니다.

칸트 자신도 그때그때 이성의 의미를 확대하거나 축소하며 사용하고 있어서 문맥에 따라 이해할 필요가 있습니다. 고전주의를 신봉했던 칸트는 계몽적 이성을 앎을 위한 순수이성, 삶을 위한 실천이성, 희망을 위한 판단력으로 확장시켰습니다. 이것은 칸트가 넓은 의미로 사용한 이성의 개념입니다. 그런데 각론에 들어가서 『순수이성비판』에서 인식의 메커니즘을 분석할 때는 기존에 이성으로 여겨오던 전통적 개념을 지성(오성)으로 한정하고, 신이나 영혼 같은 초감성계인 예지계를 사유하는 능력을 이성이라고 봅니다. 그리고 전자는 순수이성, 후자는 실천이성이라고 부르니 혼돈이 될 수 있습니다.

그러니까 넓은 의미로 보면 순수이성, 실천이성, 판단력이 모두 이성의 범주에 있고, 좁은 의미로 사용할 때는 실천이성을 이성이라고 봅니다. 칸트가 사용한 넓은 의미의 이성 개념에는 진·선·미 세 영역이 모두 포함하기에 저는 이것을 '본성'으로 해석했습니다. 그래서 본성의 구조를 진·선·미의 삼위일체 관계로 설명한 것입니다. 칸트는 도덕과 미의 영역까지를 모두 이성의 범주로 포함하고 있는데 우리가 상식적으로 생각하는 이성은 지성을 의미하기에 혼돈을 느끼는 것입니다.

칸트는 '물자체'를 "사유할 수는 있으나
인식할 수 없는 것"이라고 했는데,
그러면 진리 탐구가 불가능한 것 아닌가요?

칸트가 물자체를 인식할 수 없다고 한 것은 인간의 감성 능력의 한계 때문입니다. 우리가 보는 세계는 인간의 특정한 감성 형식으로 보기 때문에 실재와 차이가 있을 수밖에 없습니다. 그것을 지성으로 판단하여 개념화할 때 다시 열두 범주에 따른 가공이 이루어지기에 우리가 인식하는 세계는 실재가 아니라 인간의 방식으로 구성된 세계라는 것입니다. 가령 가시광선이나 가청주파수 밖에는 우리가 볼 수 없고 들을 수 없는 영역이 있습니다. 그것은 인간의 감성 능력과 지성 능력의 한계라고 할 수 있는데, 물자체와 하나 될 수 있다면 이론적으로 불가능한 건 아닙니다.

쇼펜하우어는 세계가 사물의 내적 원리이자 우주를 관통하는 생명 에너지라고 할 수 있는 '의지'로 작용하는데, 인간에게는 이것이 표상의 형태로 나타난다고 봅니다. 우리의 지성으로 파악되는 표상의 세계는 극히 제한적인 세계입니다. 따라서 맹목적 충동에 지배되지 않고 심미적 관조를 통해 의지의 참된 본질에 도달할 수 있다면 물자체와 하나될 수 있는 가능성이 열려 있다고 봅니다.

이것은 지성을 통해서 가능한 것이 아니라 지성을 내려놓고 물아일체가 되어야 가능한 경지입니다. 동양에서 불교의 선종이나 유교의 격물치지格物致知는 물자체와 하나되는 경지를 추구한 것이라고 할 수 있습니다. 쇼펜하우어도 사실 동양의 힌두교와 불교 철학의 영향을 받았습니다.

질문   칸트의 취미판단으로서의
미학이 오늘날 우리에게 시사하는 바가
무엇일까요?

여러 의미가 있겠지만, 저는 인간 본성으로 가는 새로운 길을 열어주었다고 생각합니다. 과거에는 지성적인 진리 탐구나 도덕적 양심으로 가는 길만 있었다면, 우리가 직접 마음으로 느끼는 쾌/불쾌의 감정에 의해 갈 수 있는 새로운 길을 터주었다는 것입니다. 이전까지 감정은 억압의 대상이었지 학문의 대상이 아니었습니다. 칸트가 다른 쾌감으로부터 미적 쾌감을 구분함으로써 그것을 통해 본성으로 나아갈 수 있는 길이 열린 것입니다. 그 길은 진리나 도덕으로 규정된 기존의 길이 막혔을 때 더욱 빛을 발할 것입니다.

미학의 실천은 규정되지 않은 반성적 판단력에 의존합니다. 그리고 그때 판단의 기준이 되는 것은 어떤 규범이 아니라 미적인 쾌감입니다. 오늘날처럼 진리가 이데올로기로 오염되고 도덕적 양심이 땅에 떨어진 시대에 미학이 새로운 구원투수 역할을 할 수 있다고 생각합니다.

질문   모더니즘의 형식주의가 칸트의 영향 때문이라면,
모더니즘의 한계가 칸트의 한계라고도
볼 수 있는 것인가요?

칸트의 미학은 창작에 초점을 둔 것이 아니고, 감상자가 미를 판단하는

계기와 조건을 탐구한 것입니다. 미학과 예술은 통하지만, 일치하지는 않습니다. 모더니즘은 칸트의 미학을 그대로 예술론으로 적용하려다 부작용이 생긴 것입니다.

칸트는 미를 무관심한 만족으로 정의했지만, 실제로 예술은 자신의 관심사에서 출발합니다. 예술은 이상적인 미를 추구하지만, 현실의 추를 외면해서는 안 됩니다. 현실의 고통과 추함에 대한 저항을 통해서 아름다움으로 나아간 것과 이와 무관한 아름다움은 전혀 다른 차원입니다. 저항 없는 아름다움은 그냥 장식에 불과합니다. 우리는 아름다운 장식을 예술이라고 하지는 않습니다. 모더니즘 예술은 자율성을 명분으로 타율적 요소를 모두 제거하는 방식을 취하다 보니 미니멀리즘에 이르러서는 결국에는 현실이 탈각된 작품으로 귀결되었습니다.

자율성을 획득한다는 건 주체적으로 된다는 것이지 타율성을 배제하라는 것이 아닙니다. 우리가 부모에게서 독립한다는 것은 주체적으로 산다는 것이지 부모와 인연을 끊고 호적을 파내라는 뜻은 아닙니다. 이것은 일부 진보적 모더니스트들의 한계이지 칸트의 한계라고 볼 수는 없습니다.

질문   **칸트철학에서 넓은 의미의 이성을 본성으로
본다면 동양에서 유학이나 성리학의 본성론과
어떤 관계가 있을까요?**

깊은 관련이 있다고 생각합니다. 유학에서는 '인의예지'라는 인간의 착한 본성에서 우러나오는 마음을 사단四端이라고 합니다. 이는 타인의 불행을 보고 측은하게 여기는 '측은지심', 잘못을 부끄러워할 줄 아는 '수오지심', 타인에게 양보할 줄 아는 '사양지심', 선악과 시비를 가릴 수 있는 '시비지심'을 말합니다. 이것은 칸트가 『실천이성비판』에서 말한 선의지의 정언명령을 구체화한 것입니다.

이러한 본성이 외부 사물에 접해서 '희·노·애·구·애·오·욕'의 일곱 가지 감정으로 발현된다고 봅니다. 『중용』에는 이 칠정이 일어나기 이전을 '중中'이라 하고 절도에 맞는 발현된 감정을 '화和'라고 합니다. 이렇게 사단이 발현하여 칠정이 되는 것인데, 맹자를 숭상한 송대의 성리학에서는 사단과 칠정이 대립하는 것으로 봅니다.

조선에서는 이황과 기대승, 이이 등의 학자들이 사단칠정 논쟁을 벌였습니다. 이황은 사단을 "도를 쫓는 마음"으로 보고 칠정은 "인간의 마음"으로 간주하여 사단理이 칠정氣을 제어하지 못하면 사사로운 욕망에 사로잡혀 짐승처럼 된다고 보았습니다. 이황의 사단이 칸트의 '선의지'와 통한다면 칠정은 '경향성'의 개념과 통한다고 볼 수 있습니다. 칸트가 동물적인 욕구인 경향성을 극복하여야 선의지의 정언명령을 따른다고 보았듯이, 이황도 사단을 주관하는 이理가 칠정을 주관하는 기氣를 제어해야 선한 양심이 드러난다고 보았습니다.

이와 달리 이이는 사단은 '본연지성本然之性', 칠정은 '기질지성氣質之性'으로 보고, 기질지성이 본연지성을 겸한다는 '이기일원론'을 주장합니다. 쇼펜하우어나 니체의 철학에서 말하는 '의지'의 개념은 동양철학에서 '기氣'의 개념과 통합니다. 칸트의 철학이 이황과 닮아 있다면, 쇼펜하우어나 니체는 이이의 이기일원론과 닮아 있습니다. 어쨌든 이기理氣 철학의 존재론과 인간의 수양론을 결합하고자 한 성리학은 칸트가 순수이성과 실천이성을 종합하고자 한 것과 내용상 깊은 관련이 있다고 볼 수 있습니다.

문화의 시대를
행복하게 살아가는 법

•
○

　미학이라는 학문은 18세기에 철학에서 분리되었지만, 물질문명 시대에는 과학에 밀려 그다지 빛을 보지 못했습니다. 그저 예술적 취향을 가진 특별한 사람들의 고상한 학문 정도로 여겨졌습니다. 그러나 물질문명에서 정신문명 중심으로 바뀌는 문화의 시대에 미학은 인문학의 꽃으로서 주목받을 것입니다. 지금까지 우리는 인생의 목적을 생각할 겨를도 없이 대부분의 시간을 일로 보내고, 일을 평생의 과업으로 생각했습니다. 그러나 4차 산업혁명으로 이제 노동을 로봇에게 양도하고 인간은 로봇과 다른 인간다운 정체성을 찾아야 경쟁력을 갖게 될 것입니다.

　어둠이 깊어지면 새벽이 오듯이, 물질문명이 고도로 발달하자 그것만으로는 행복을 얻을 수 없다는 것을 깨달은 사람들이 정신적 가치에 주목하면서 정신문명이 열리게 되는 것입니다. 그리고 인간을 정신적으로 행복하게 할 콘텐츠를 찾게 되면서 비로소 문화의 시대가 도래합니다. 우리는 문화의 시대를 외치면서도 정작 새로운 시대를 이끄는 추동력이 무엇이고, 이에 적응하기 위해서 어떤 준비를 해야 하는지는 막연하게 생각합니다.

문화의 시대는 인간에게 정신적 행복을 가져다주는
창의적인 콘텐츠가 사회의 동력이 되는 시대다.

문화는 이제 과거처럼 기업의 후원을 받아 근근이 유지되는 차원에 머물지 않습니다. 문화 콘텐츠가 기업을 살리고 경제를 이끄는 시대가 되고 있습니다. 이러한 시대에 요구되는 바람직한 인간상은 수동적으로 주어진 일에 충실한 사람이 아니라 문화 콘텐츠를 생산할 수 있는 창의적인 인간입니다. 과거 우리 삶의 상당한 비중을 차지했던 근로가 로봇의 도덕이 됨으로써 인간의 정신적 행복을 가능하게 해줄 인문학적 소양과 미학적 감성으로 창의력을 발휘하는 사람이 우대받게 될 것입니다.

과거에 창의적인 사람은 대개 사회에 잘 적응하지 못하고 반사회적인 예술가 그룹을 이루었습니다. 그러나 새로운 시대에는 사회의 모든 분야에서 창의적 인간을 필요로 하고 있습니다. 자신의 꿈과 행복을 희생해서 가족에게 봉사하고, 회사에 기여하고, 국가를 위해 일하는 시대는 지나갔습니다. 먼저 자신이 행복하여야 남을 행복하게 할 수 있는 것입니다. 문화의 시대에 가장 중요한 키워드는 인간의 정신적 행복입니다.

그렇다면 우리는 어떨 때 가장 정신적인 행복을 느낄까요? 아마도 자신이 가장 좋아하는 일을 하면서 자신의 잠재 능력을 충분히 발휘할 때일 것입니다. 아무리 비싼 스마트폰을 가지고 있어도 전화만 한다면 아무 소용이 없습니다. 우리가 개성이 있다는 것은 자기가 특별히 잘하는 일이 있다는 것입니다. 자신의 가치는 이것을 찾아내어 잠재 능력을 충분히 발휘할 때 빛납니다.

그러나 배금주의가 팽배한 지금의 사회는 그러한 개인의 가치보다 획일적인 사회적 가치를 우선함으로써 개인의 창의적인 잠재 능력을 말살하고 있습니다. 공부 잘하는 사람은 전부 적성과 상관없이 의대에 가고자 합니다. 성적 우수생이 전국의 의대에 다 가고 나야 다른 학과에 지원자가 들어오기 시작합니다. 우리는 알게 모르게 코로나 바이러스보다 지독한 자본주의 바이러스에 감염되어 있습니다. 단지 감염된 환자가 주변에 너무 많기에 무감각해진 것뿐입니다.

그러나 타락한 천민자본주의를 해결하는 방법이 공산주의는 결코 아닙니다. 공산주의가 실패한 원인은 평등성을 단순하게 획일화로 해석하여 하향 평준화로 나아갔기 때문입니다. 빈부 격차가 심하다고 해서 복지를 명분으로 자본가의 자산을 강탈하여 가난한 서민들에게 나눠준다고 사회문제가 해결되는 것은 아닙니다. 재산을 뺏긴 자본가는 억울해할 것이고, 서민들이 맛볼 달콤함은 일시적이며 결국에는 위정자의 노예로 전락하게 될 것입니다. 이것은 북한 같은 공산국가에서 위정자들이 장기적으로 절대 권력을 누리는 방법입니다. 이러한 사회에서 행복한 사람은 아무도 없습니다.

획일적 평등은 인간의 상향적 본능에 부합하지 않습니다. 인간은 누구나 상향적 욕구를 지니고 있습니다. 중요한 것은 우리 본성의 상향적 욕구가 근원적으로 지향하는 바가 무엇인지를 파악하는 것입니다. 거기에 행복의 비결이 있습니다.

행복은 자신의 상향적 욕구의
근원적 본질을 파악할 때 가능하다.

오늘날 자본주의의 문제는 평등하지 못해서가 아니라 개인의 상향적 욕구의 근원적 본질을 파악하지 못하고 그것을 돈으로 대체했기 때문에 발생합니다. 그러면 자아실현보다 돈 버는 일에 몰두하고 차이 대신 차별 의식이 생기게 됩니다. 지금 우리에게 절실한 것은 개인의 상향적 욕구를 좌절시켜 평등하게 만드는 것이 아니라 상향적 욕구의 본질이 무엇인지를 파악하는 인문학적 성찰입니다.

미국의 심리학자 매슬로우Abraham Harold Maslow는 인간의 욕구를 생리적 욕구, 안전 욕구, 소속의 욕구, 자존의 욕구, 자기실현 욕구로 분류했습니다. 그리고 하위 욕구가 채워지면 그 자체로 만족하지 못하고 점차 상위 욕구를 채우려 한다고 보았습니다.

"인간의 욕구는 낮은 단계에서 시작하여 그것이
충족됨에 따라 차츰 상위 단계로 올라간다."(매슬로우)

그의 분류에 따르면, 1단계는 생리적 욕구입니다. 이것은 동물로서 생존을 위한 기본 욕구입니다. 인간이 빵만으로 사는 건 아니지만 당장 굶주린 사람에게는 전부일 수 있습니다.

2단계는 안전의 욕구입니다. 일단 먹고사는 문제가 해결되면 거기에 만족하지 않고 신체적 감정적 위협으로부터 자신을 보호하고 보다 안전해지기를 바랍니다.

3단계는 소속의 욕구입니다. 어느 정도 생활의 안전이 보장되면 인간은 사회적 동물이라서 사회단체에 소속되어 친교를 나누고 싶어 합니다.

4단계는 자존에 대한 욕구입니다. 3단계의 욕구가 충족되면 스스로 자존감을 높이고 타인으로부터 인정받아 집단 내에서 어떤 지위와 명예를 확보하려는 욕구가 나타납니다.

여기까지 기본 욕구가 모두 충족되어도 인간은 만족하지 못합니다. 사회적인 명예를 얻은 유명 정치인이나 기업인이 자살하고, 대중들의 인기와 사랑을 받는 연예인도 자살하는 것은 남들로부터 인정과 존경을 받아도 궁극적으로는 채워지지 않은 상향적 욕구가 남아 있다는 것을 의미합니다.

5단계는 자아실현 욕구입니다. 자아실현이란 지속적인 자기개발로 자신의 잠재 능력을 발휘하고 인격을 성장시켜 궁극적인 이상을 실현하는 것입니다. 4단계까지의 욕구가 결핍 욕구라면 자아실현 욕구는 성장 욕구라고 할 수 있습니다.

이상을 매슬로우의 '욕구 5단계'라고 하는데, 후에 그는 자아실현 욕구를 다시 네 단계로 세분하여 '욕구 8단계'로 확장하였습니다. 여기서 그는 자아실현 욕구를 무언가를 알고 이해하고자 하는 '인지적 욕구', 질서와 아름다움을 추구하는 '심미적 욕구', 자기 잠재력이 발휘되는 '자아실현 욕구', 그리고 최종적으로 타인을 돕고 외부와 연결되고자 하는 '자기 초월 욕구'로 세분하였습니다.

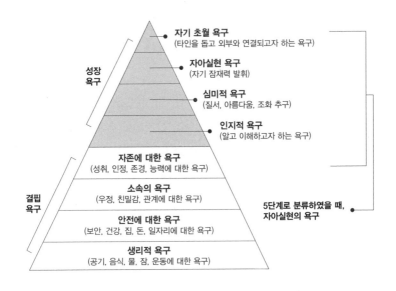

매슬로우의 욕구 8단계

물론 이러한 주장에도 예외는 있습니다. 가령 고흐나 이중섭 같은 예술가는 생리적 욕구가 해결되지 않아 굶어 죽을 정도로 가난한 생활을 하면서도 심미적 욕구를 추구했습니다. 또 석가모니는 스스로 기본 욕구를 포기하고 고행을 통해 자기 초월로 나아가기도 했습니다. 가치관에 따라서 우리는 특정 욕구를 건너뛸 수도 있습니다.

그러나 매슬로우의 이론이 시사하는 중요한 사실은 인간은 잠재 능력이 발휘되는 자아실현 욕구가 충족되기 전까지 끊임없이 결핍과 욕구를 느낀다는 것입니다. 그런데 자본주의에 물든 현대인은 오직 욕구가 돈과 명예에만 고착되어 자아실현 욕구로 나아가지 못하고 비정상적으로 욕구를 채우게 됩니다. 그래도 욕구가 해결되지 않기에 성폭행이나 권력을 남용하는 행동으로 남에게 피해를 주는 것입니다.

인간의 궁극적 목적은
자아실현을 통한 자기 초월이다.

중요한 사실은 자아실현이 곧 남에게 유익을 주는 자기 초월로 이어진다는 것입니다. 정치는 근본적으로 자기 초월의 행위입니다. 정치의 본질은 남을 위한 헌신과 희생입니다. 그런데 자아실현이 안 된 사람이 오로지 직업으로 정치하면 소시오패스적으로 저차원적 욕구를 채우는 일에 전념하게 됩니다. 사실 종교나 학문, 예술 등 모든 분야가 다 마찬가지입니다. 인간의 궁극적인 목적은 자아실현을 통한 자기 초월입니다.

이것이 바로 한국의 건국이념인 '홍익인간'의 정신입니다. 홍익인간은 인간의 궁극적 목적을 자아실현의 최종 단계인 '자기 초월의 욕구'로 삼은 위대한 철학입니다. 자아실현이 안 된 상태에서 남을 위한 자기 초월을 내세우는 건 위선일 수 있습니다. 자아라는 용기에 물이 충분히 채워지면 저절로 넘칩니다. 본인도 부족한 물을 남에게 퍼주려고 하니 한 바가지 퍼주고 두 바가지를 챙기려 하는 것입니다.

자기 초월이 이루어지려면 잠재 능력이 발휘되어 먼저 자아실현이 이루어져야 하고, 자아실현이 이루어지려면 심미적 욕구가 해결되어야 합니다. 즉 미학적 인간이 되지 않고서는 자아실현이 불가능합니다. 객관적인 지식을 알고자 하는 인지적 욕구만으로는 자아실현은 어렵습니다. 심미적 욕구는 주체적으로 나의 감성적 만족을 추구하기에 자아실현을 위한 전제조건이 되는 것입니다.

이성과 감성은 인간의 두 다리와 같아서 균형 감각이 중요하다.

자아실현을 이루려면 이성과 감성이 균형을 이루어야 합니다. 양쪽이 균형을 이루지 못하고 한쪽만 발달하면 불구가 됩니다. 감성이 외부에서 음식을 섭취하는 기능이라면, 이성은 그것을 분쇄하고 소화시키는 기능입니다. 음식을 먹기만 하고 소화를 못 시키거나, 음식을 섭취 안 하고 위액을 분비시켜 위장 운동만 하면 문제가 생깁니다.

과학이 이성의 학문이라면 미학은 감성의 학문입니다. 과학과 미학이 50:50의 균형을 이룰 때 올바른 인간이 될 수 있습니다. 우리 몸의 좌우 척추뼈가 조금만 틀어져도 문제가 생깁니다. 그 상태로 생활하면 할수록 틀어짐이 심화되어 결국 큰 병을 얻게 됩니다.

그런데 근대 이후 물질문명의 시대에는 과학만을 중시해옴으로써 이 균형이 완전히 깨져버렸습니다. 서양의 근대는 중세시대 신에게 억압되어 있던 인간의 권위를 이성을 통해 복권하고자 했습니다. 그래서 합리적이고 논리적인 완결성을 추구하는 과학이나 논리학을 최고의 인식능력으로 여기고, 불명료하고 모호한 감성은 열등한 인식능력으로 깎아내렸습니다. 한쪽이 튼튼해질수록 균형이 깨져 우리는 점차 불구가 되어 갔습니다.

과학은 모든 사람에게 통용될 수 있는 보편적이고 객관적인 법칙을 다루기에 나만의 주관적 가치가 개입할 여지가 없습니다. 인간은 객관적인 보편성과 주관적인 특수성을 모두 갖고 있기에 어느 한쪽만 충족되면 다른 욕구가 일어나게 됩니다. 그래서 오늘날에는 감성에 대한 욕구가 충만해져 있고, 그래서 문화의 시대가 열리는 것입니다. 과학적 이성으로 객관적 보편성의 욕구를 충족하고, 미학적 감성으로 주관적 특수성의 욕구를 충족해야 진정한 자아실현을 이룰 수 있습니다.

아름답다는 것은 자기답다는 것이다.
인간이 불행한 이유는 자기다움을 잃어버리고
남을 따라가기 때문이다.

미학은 자신의 특수성을 발견하고 찾아가게 합니다. 까치가 꾀꼬리 소리를 부러워하고 흉내 내서는 자아실현이 어렵습니다. 한국말로 '아름답다'라는 말은 '자기답다'라는 의미를 담고 있습니다. 모든 존재는 가장 자기다울 때 아름다운 것입니다. 이 세상의 모든 꽃이 다 똑같다면 끔찍할 것입니다. 크면 큰대로 작으면 작은대로 제 빛깔이 있기에 아름답습니다. 인간이 불행해지는 이유는 자기다움을 잃어버리고 남이 정한 기준과 가치를 맹목적으로 따라가기 때문입니다. 자연은 그런 일이 없는데, 인간은 정신을 똑바로 차리지 않으면 어느새 남의 인생을 살고 있습니다.

소크라테스가 "너 자신을 알라"라고 했는데, 자기를 안다는 것은 보편성과 특수성을 함께 아는 것입니다. 과학은 보편성을 알게 하지만, 특수한 개성에 대해서는 차치해둡니다. 보편성을 추구하는 과학의 논리는 자칫 개별적 차이를 무시하고 폭력적으로 변할 수가 있습니다. 그러나 감성은 이성의 폭력성에 저항하여 개인의 차이와 정체성을 찾게 합니다.

이처럼 자신의 고유성을 찾은 사람은 자기 본성에서 뿜어져 나오는 감출 수 없는 아름다운 향기가 있습니다. 자존감이 약한 사람은 항상 남과 비교하여 불필요한 우월감이나 열등감에 빠지게 됩니다. 자존감과 자존심은 전혀 다른 것입니다. 자존심은 잃어버린 자존감을 애써 감추고 위장하려는 얄팍한 마음입니다.

**미학적 인간은 무소의 뿔처럼
혼자서 가며 개성적 멋을 추구한다.**

미학적 인간은 남이 만든 규범과 가치를 수동적으로 따라가지 않고 자신의 미적 본성에 따른 반성적 판단력으로 자기의 길을 찾아갑니다. 남이 가는 길을 맹목적으로 따라가다가 보면 자기 집이 나오지 않습니다. 같은 동네에 산다면 어느 정도까지는 같이 갈 수 있지만, 자기 집에 가려면 어느 시점부터는 무소의 뿔처럼 혼자 가야 합니다. 인간은 본래 고독한 존재이고 고독해야 제 빛깔이 나오는 존재입니다. 그것을 피하려고 모임을 좋아하고 뭉쳐 다니다가는 자신의 개성을 잃어버립니다.

로봇은 아무리 훌륭한 기능을 탑재하고 있어도 인간의 명령에 따라 수동적으로 움직입니다. 그래서 기능적으로는 훌륭해도 개성적인 멋이 없습니다. 멋은 인간이 추구해야 할 가장 이상적인 가치입니다. 동물은 아무리 지능이 높아도 자기만의 개성을 찾지 않습니다. 그런데 인간은 내가 입고 있는 옷을 다른 사람도 똑같이 입고 있으면 기분이 나빠지는 동물입니다. 그리고 모방을 부끄러워하고 위작을 범죄시하는 유일한 동물입니다. 인간이 자유롭다는 것은 남이 만든 규범을 따르지 않고 자기 본성의 반성적 판단력에 따라 자율적으로 산다는 것입니다. 이 자유의지야말로 기계인 로봇이 인간을 넘볼 수 없는 고유한 영역입니다.

자아실현을 이룬 사람의 특징은 신명이 나서 열정적으로 미친 듯이 창조적인 결과물을 만들어낸다는 것입니다. 우리가 찾는 행복은 편안한 상태가 아니라 미친 듯이 열정적으로 사는 것입니다. 우리는 흔히 인생을 무탈하고 편안하게 살기를 바랍니다. 그것을 꿈꾸며 돈을 열심히 벌고 고통을 견디며 지냅니다. 그것은 큰 착각입니다. 안락과 평안은 정신적 행복을 가져다주기는커녕 권태를 가져다줄 것입니다. 복지가 잘된 선진국 시민들이 마냥 행복할 것 같지만, 미개발 국가보다 자살률이 훨씬 높습니다. 우리나라도 과거 가난했던 보릿고개 시절보다 잘살게 된 이후에 우울증과 자살률이 더 늘어났습니다.

권태는 인간을 헤어날 수 없을 정도로 무기력하게 만드는 정신의 암입니다. 오늘날 대중문화는 일시적인 쾌락을 제공하여 삶의 권태로부터의 잠시 일탈하게 하지만, 그것은 임시방편일 뿐 궁극적인 행복을 보장하지 못합니다. 감각적 쾌락은 구멍 난 독에 물 붓는 것처럼, 채워질 수 없는 만족입니다. 그리고 자칫 뇌를 중독시켜 자유를 빼앗고 심각한 부작용을 낳게 합니다. 알코올 중독이나 게임 중독에 빠져 그 부작용을 알면서도 그만둘 수 없는 것은 자유가 아니라 노예적 속박입니다.

**중독적 쾌감이 우리 영혼을 낭떠러지로 인도하고,
미적 쾌감은 우리를 자아실현과 자기 초월로 인도한다.**

우리는 누구나 행복을 추구하고 행복은 쾌감을 동반하지만, 중독적 쾌감과 미적 쾌감은 엄연히 다릅니다. 중독적 쾌감은 우리 본성의 자유를 박탈하고 기계적인 행동을 반복하게 하여 결국에는 우리 영혼을 헤어날 수 없는 구렁텅이로 몰고 갑니다. 중독적 쾌감의 종착역은 막다른 낭떠러지입니다.

그러나 미적 쾌감은 타인이 만들어놓은 규범과 안내 없이도 스스로 본성에서 흘러나오는 전파를 감지하여 내비게이션처럼 우리를 자아실현과 자기 초월로 인도합니다. 인간은 이때 진정한 행복을 느끼도록 설계되어 있습니다. 그런데 중독적 쾌감은 본성의 주파수를 교란하고 내비게이션의 오작동을 일으켜버립니다. 이것이 우리가 미학적 인간이 되어야 하는 이유입니다.

미학적 인간을 우리말로 하면 '멋쟁이'입니다. 멋쟁이는 맹목적으로 남의 형식을 흉내 내거나 따라가지 않고 자신의 본성과 개성대로 사는 사람입니다. 그들은 남과의 차이를 경쟁력으로 삼고 남의 눈치를 보지 않으며 제 빛깔을 마음껏 발휘하는 사람입니다.

멋을 부린다는 건 아무렇게나 변형하거나 남을 따라가는 것이 아니라 자기 본성의 프로그램에 따라 행하는 것입니다. 자유는 아무렇게나 사는 게 아니라 제 빛깔로 사는 것입니다. 제 빛깔로 살 때 우리는 자유롭고 창조적일 수 있습니다. 이것을 조장하는 분야가 예술입니다. 예술에서는 남과의 차이를 확보하지 못하고 자기 개성이 드러나지 않으면 아무리 기술이 좋아도 인정하지 않습니다. 개성적이고 멋진 인생은 예술가만의 전유물이 아니라 자아실현을 꿈꾸는 모든 인간이 지향하는 세계입니다.

세상에는 네 종류의
인간이 있다

○

    우리가 살아가는 사회는 인간이 정한 규범과 형식으로 가득 차 있습니다. 형식을 배우는 건 우리가 사회의 상징계적 질서로 진입하는 방법이고, 사회의 성원들과 문화를 공유하는 길입니다. 우리는 그러한 형식을 떠나서 살 수가 없으며, 형식을 어떻게 대하느냐에 따라 삶의 태도와 가치관이 결정되기도 합니다.

    우리는 사회질서를 위해서 때로는 형식을 만들어야 하고, 형식이 관습으로 굳어 적폐가 되면 그것을 부수어야 할 때도 있습니다. 이 세상에는 수많은 사람이 살고 있지만, 형식을 대하는 태도에 따라 네 종류의 인간으로 분류할 수 있습니다. 새로운 형식을 만드는 데 최적화된 사람이 있는가 하면, 형식을 이용하는데 최적화된 사람도 있습니다. 또 형식을 맹목적으로 추종하는 사람이 있는가 하면, 형식을 적폐로 여기고 이로부터 자유로워지려는 사람도 있습니다. 미학적 인간의 조건을 탐색하기 위해 인간의 유형을 네 종류로 분류해보겠습니다.

'형식을 만드는 사람'은
혼돈에서 질서를 찾아내는
'과학적 인간'이다.

첫째는 '형식을 만드는 사람'입니다. 이들은 세계가 인과의 법칙으로 운행된다는 신념으로 혼돈에서 보편적 질서를 찾고자 하는 '과학적 인간'입니다. 이들의 머리는 항상 명료하고 분석적이며 무지몽매한 사람들의 삶에 편리를 주고자 노력합니다. 이들에 의해서 과학적 법칙뿐만 아니라 사회적 제도와 규범, 이데올로기가 만들어지고 각종 학문의 발전이 이루어집니다.

주로 창의적인 과학자나 학자들이 이 그룹에 속하며 이들이 연구하고 만들어놓은 형식에 의해서 사회질서가 유지되고 인간은 문명의 혜택을 누리게 됩니다. 이들의 연구는 이론적이고 순수한 학문적인 차원에서 이루어지기에 때로 비현실적으로 비추어질 수 있지만, 이를 현실에 응용하고 이용하는 사람들에게 큰 영감을 줍니다. 그러나 때로는 정치적으로 부조리하게 이용당해 사회적인 물의를 일으키기도 합니다.

독일인 화학자 프리츠 하버는 공기 중의 질소로 암모니아를 합성하는 방법을 발견하여 노벨상을 받았습니다. 이후 사람들은 합성된 암모니아를 화학비료의 원료로 사용함으로써 식량 위기를 극복할 수 있었습니다. 그는 이러한 형식을 발견하여 수많은 인류를 기아에서 구해냈습니다. 그러나 한편, 암모니아는 폭탄의 원료로 사용되고, 제1차 세계대전 동안에는 독가스를 생산하여 전쟁에서 무수한 인명을 빼앗아가기도 했습니다. 이는 과학자의 윤리와 사회적 책임에 대한 논란을 불러일으켰습니다. 이외에도 정치에 이용된 학자나 철학자 들은 상당히 많습니다.

'형식을 이용하는 사람'은
만들어진 형식을 권력의 수단으로 삼는
'정치적 인간'이다.

둘째는 '형식을 이용하는 사람'입니다. 그들은 만들어진 형식을 습득하여 순발력 있게 현실에 응용하고 계몽하는 '정치적 인간'입니다. 이들에 의해서 새로운 형식은 일반에게 보급되고 확산될 수 있지만, 자칫 권력을 잡고 유지하는 수단으로 삼게 되면 사회적으로 위험한 일이 발생합니다. 모든 이데올로기는 이론적으로 숭고함을 지니고 있지만, 그것이 정치적 인간에 의해 현실에 이용되면 권력의 도구가 될 가능성이 있습니다.

기독교나 불교, 유교 등의 종교는 이념은 숭고하지만, 정치적 인간들에 의해 현실 정치에 이용되면서 변질되었습니다. 이들은 흔히 종교적 이념을 새로운 정권을 창출하기 위한 이념으로 활용합니다. 종교의 이념이 일반에게 보급되는 과정에 정치가 개입되면 부작용이 일어납니다. 그것은 순수한 이념의 문제가 아니라 정치적 문제입니다. 모든 종교가 사랑을 외치면서도 모든 전쟁이 종교와 무관하지 않은 것은 이 때문입니다.

현대에 오면 정치는 종교 대신 자본주의나 공산주의의 이념을 채택합니다. 이러한 이념은 나름의 숭고한 가치를 지니고 있지만, 권력 유지의 수단으로 전락하면 경직된 형식으로 굳어져 부작용을 낳습니다.

헤겔학파 관념론자였던 마르크스는 경제학 연구에 몰두하여 『자본론』을 집필하고, 유물론과 변증법에서 탁월한 성과를 이룩했습니다. 그가 엥겔스와 함께 만든 과학적 사회주의 이론은 이후 현실 정치에서 레닌과 스탈린, 마오쩌둥 등으로 이어지며 공산주의 이데올로기로 활용됩니다. 그러나 아무리 훌륭한 이론도 현실에서 정치적으로 쓰이는 과정에서 많은 부작용과 폐단을 낳습니다.

정치적 인간은 순수한 이념과 형식을 종파나 민족의 결집을 위해 이용합니다. 그래서 신을 명분으로 다른 민족이나 종파와 전쟁을 서슴없이 일으키고, 정의를 명분으로 무고한 희생자들을 만들어냅니다. 이들의 명분은 언제나 정의와 선을 외치지만, 결과적으로 우리 사회를 병들게 합니다.

**'형식을 추종하는 사람'은
형식에 순응하여 편안을 얻으려는
'노예적 인간'이다.**

셋째는 '형식을 추종하는 사람'입니다. 이들은 비판 없이 주어진 형식에 순응하여 형식에서 편안과 안락을 누리기를 바라는 '노예적 인간'입니다. 이들의 특징은 옳은 길보다는 편한 길을 선택한다는 점입니다. 형식을 따르는 것이 본질을 이해하는 것보다 수월하기에 형식을 큰 혜택으로 여기고 신봉합니다.

유대 격언에 "자식에게 고기를 잡아주기보다 고기 잡는 법을 가르치라"라는 말이 있습니다. 그러나 노예적 인간은 힘들게 고기를 잡아먹는 것을 피하고 편하게 남이 잡아준 고기를 먹는 것을 좋아합니다. 그러나 이들이 누리는 혜택은 결코 공짜가 아닙니다. 경직된 형식의 굴레에 갇히게 되면 결국에는 주체성과 자유를 잃어버리기 때문입니다. 이들이 가는 길은 평탄하고 넓지만, 이들이 도달하게 되는 곳은 포로수용소입니다.

정치적 인간은 세력이 필요하고 노예적 인간은 안락이 필요하기에 이들의 궁합은 천생연분입니다. 노예적 인간과 정치적 인간 사이의 상호계약이 이루어지면 이기적인 집단이 되어 다른 집단과 싸움을 하며 세력 확장에 골몰합니다. 이들이 편을 가르는 기준은 진리와 본질이 아니라 오직 소속과 형식입니다.

노예적 인간은 성공한 사람들을 자기 수준으로 끌어내리고 자신이 쉽게 그 자리에 올라가려는 욕망이 있고, 정치적 인간은 스스로 절대 권력이 되고자 하는 욕망이 있기에 이들의 궁합은 환상적입니다. 이들의 혁명이 성공하면 사회는 얼빠진 노예적 인간과 정치적 인간의 부패한 권력만 남게 됩니다. 인류의 모든 불행은 이들의 은밀한 결탁으로 이루어집니다.

'형식을 자유롭게 하는 사람'은
자신의 창조성으로 굳어진 관습을 녹여주는
'미학적 인간'이다.

넷째는 '형식을 자유롭게 하는 사람'입니다. 이들은 모든 형식은 본질을 위한 방편이라는 사실을 이해하고 굳어진 형식을 유연하게 하여 형식의 구속에서 벗어나는 '미학적 인간'입니다. 이들은 관습적 형식이 주는 편안하고 안락한 혜택을 거부하고 그것을 해체하려 하기에 형식으로 권력을 쥐고 있는 기득권 세력에 위협이 될 수 있습니다. 그래서 이들의 반정치적 활동은 정치적 인간들의 표적이 되고 핍박을 받기도 합니다. 이들이 가는 길은 좁고 험하지만, 이들이 도달하는 곳은 젖과 꿀이 흐르는 아름다운 낙원입니다. 이들의 고난은 오랜 시간이 지난 뒤 역사의 보상을 받게 됩니다.

미학적 인간은 과학적 인간과 더불어 우리 사회에서 꼭 필요한 중요한 인간들입니다. 과학적 인간은 미학적 인간이 기존의 형식을 해체한 바탕 위에 재건축을 할 수 있습니다. 미학적 인간의 표본은 예술가입니다. 예술가는 미적 이상을 위해 굳어진 관습적 형식을 과감하게 파괴하는 걸 업으로 삼은 사람들입니다. 추는 무질서가 아니라 질서가 형식으로 굳어서 자유롭지 못한 것입니다. 미는 어떤 고정된 형식이 아니라 자유롭게 조화를 가능하게 하는 역동적인 힘입니다.

아무리 훌륭한 경전도 언어의 형식으로 굳어버린 것은 진리를 대신할 수 없습니다. 그래서 노자는 "붙잡을 수 있는 것은 도가 아니다"라고 했고, 장자는 "옛 성인이 해주는 이야기는 술 찌꺼기에 불과하다"라고 말했습니다. 술 찌꺼기를 먹어도 약간 취하기는 하지만 진짜 술과는 차원이 다릅니다.

훌륭한 진리를 담은 경전이 있어도 세상이 여전히 혼탁한 것은, 그것이 언어라는 형식으로 되어 있기 때문입니다. 모든 본질은 형식이라는 두꺼운 껍질로 싸여 있기에 껍질을 벗겨내고 충분히 씹어야 양분을 흡수할 수 있습니다. 씹지 않고 먹으면 그냥 배설되기에 아무 소용이 없습니다. 이 단단한 껍질을 녹일 수 있는 것은 우리 내면에 보유하고 있는 미의식입니다. 미의식만이 쇠처럼 차갑고 단단하게 굳은 형식을 녹여 자유롭고 유연하게 만들 수 있습니다. 미학적 인간은 자신의 창조적 미의식으로 형식을 자유롭게 하는 사람입니다.

우리가 추앙하는 모든 분야의 위대한 영웅들은
굳은 관습적 형식을 자유롭게 한 미학적 인간이었다.

한가지 주목해야 할 점은 우리가 인간의 모범으로 추앙하는 모든 분야의 위대한 영웅들은 대부분 미학적 인간이었다는 사실입니다. 그들은 정치적 권력에 순응하거나 타협하지 않고 관습적 형식과의 투쟁을 통해 형식 내부의 본질에 도달하고자 했습니다.

미학적 파괴는 파괴를 위한 파괴가 아니라 창조를 위한 파괴이고, 본질을 위한 해체입니다. 인도인들이 섬기는 시바 신은 파괴의 신이지만 동시에 창조의 신입니다. 무엇이든지 파괴할 수 있기에 변화시키고 재건할 수 있기 때문입니다. 밤이 깊어져야 새벽이 오듯이, 파괴가 있어야 창조가 가능합니다.

인류의 모범이 되는 사대성인, 즉 철학의 소크라테스, 기독교의 예수, 불교의 석가모니, 유교의 공자는 기존의 관습적 형식을 파괴함과 동시에 새로운 질서를 비전으로 열어 보였습니다. 이들은 철학과 종교의 시조로 알려졌지만, 사실 철학과 종교를 만든 건 이들의 사상을 연구하여 형식으로 체계화한 과학적 인간입니다. 그리고 그 형식을 인간 생활에 이용하려는 정치적 인간에 의해 확산되면서 권력의 수단으로 변질하였습니다.

안타까운 건 성인들을 동경하고 추종하는 사람은 좀 더 쉽게 가고자 형식에 매달린다는 것입니다. 형식은 본질에 이르게 하는 데 도움이 되기도 하지만, 자칫 본질과 무관하게 형식을 절대시함으로써 정치적으로 이용될 수도 있습니다. 그러면 형식은 소속과 직급을 지키고 유지하는 정치적 수단으로 변질되고 형식을 맹신하게 됩니다. 그래서 종국에는 성인들의 가르침과 정반대로 형식의 굴레에 갇힌 노예적 인간이 되는 것입니다.

예술에서도 이와 똑같은 일이 일어납니다. 예술가라고 모두 미학적 인간이 아닙니다. 세잔이나 피카소, 뒤샹, 백남준 같은 예술가는 전통적 관습을 파괴하는 동시에 새로운 형식을 열어 보입니다. 이들이 개혁에 성공하면 과학적 예술가들은 이 형식의 원리로 아카데미즘을 만듭니다. 그리고 정치적 예술가들은 이를 이용하여 예술을 권력화합니다. 그러면 노예적 예술가들은 그 형식에 맹목적으로 순응함으로써 예술을 싸구려 키치로 만들어버립니다.

자신이 추종하는 성인이나 예술가의 미의식을 따르는 게 아니라 껍데기인 형식을 흉내 내기에 노예적 인간으로 전락하는 것입니다. 이것은 모든 분야가 마찬가지입니다. 우리가 훌륭한 사상가나 과학자, 정치가 등을 존경하는 이유는 전통의 관습적 형식을 자유롭게 한 창조적 미의식 때문이지 외적 형식 때문이 아닙니다.

미학적 인간은 예술가뿐만 아니라 모든 인간의 모범이라고 할 수 있습니다. 그럼 사대성인의 예를 들어서 그들이 어떻게 기존의 관습적 형식을 자유롭게 하였는지 살펴보도록 하겠습니다.

지식을 자유롭게 한
소크라테스

•
○

　소크라테스는 철인으로서 유일하게 사대성인의 반열에 이름을 올린 사람입니다. 그는 그리스 아테네에서 제자들을 양성했는데, 그의 사상이 아테네 법에 위반된다고 하여 사형을 당했습니다. 도대체 그의 사상이 무엇이었길래 사형까지 당했을까요?

　당시 그리스는 페르시아 전쟁에서 승리한 후에 정치와 문화의 중심지로 부각하였고, 민주주의가 발달하자 시민들은 교양을 쌓고 웅변술을 배워 출세를 꿈꾸었습니다. 이러한 수요에 따라 교양과 말하는 기술을 가르치는 지식인 그룹이 생겨났는데, 그들을 '소피스트'라고 합니다. 그들은 비싼 수업료를 받고 자기 논리를 펴고 논쟁에서 승리하는 기술을 가르쳤습니다. 그리스신화를 보아도 그렇지만, 이들에게 정의는 곧 강자의 권력이었습니다. 수단과 방법을 가리지 않고 쿠데타에 성공하면 부귀영화를 누리고 실패하면 죽는다는 약육강식의 논리가 지배했습니다. 소피스트들

은 보편적 진리 대신 진리의 상대성을 주장했기에 궤변론자라고
불리기도 합니다.

이들과 달리 소크라테스는 인간 영혼의 절대성과 도덕적 행위
를 중시한 사상가입니다. 그는 자신의 영혼에 도달하기 위해서 먼
저 자신의 무지를 깨달아야 한다고 생각했습니다. 그래서 마치 산
파처럼 문답을 통해 자신의 무지를 깨달을 수 있도록 도와주었기
에 그는 자신의 방법을 산파술이라고 불렀습니다.

"내가 아는 모든 것은,

내가 아무것도 모른다는 사실이다."(소크라테스)

나의 지식이 절대적이라고 생각하는 한 우리는 한치의 발전도
이룰 수 없습니다. 그러나 내가 무지하다는 것을 알 때 비로소 우
리는 부족함을 보완할 수 있습니다. 소크라테스는 참된 지혜의 샘
인 영혼에 도달하기 위해서는 변증법적으로 자신의 무지를 보완
해나가야 한다고 믿었습니다.

그로 인해 유명해진 "너 자신을 알라"라는 말은 자신이 아
는 것과 모르는 걸 구분하라는 의미입니다. 요즘 말로 '메타인
지metacognition'입니다. 메타인지는 자기의 생각을 생각하고, 인식
을 인식하는 고차원적 인식능력입니다. 그럴 때 우리는 독단에서
벗어나 자신을 객관화하고 자신의 한계를 알 수 있게 됩니다.

자기의 생각과 지식을 절대적이라고 믿는 오만한 관념은 우리
의 영혼을 가로막습니다. 현재의 자기를 부정할 수 있어야 더 큰

자기를 알게 됩니다. "나는 원래 그래"라며 스스로를 규정해버리거나 모르는 걸 안다고 착각하는 사람은 구제 불능입니다. 자기의 생각과 인식을 관조하는 메타인지는 사유하는 철학의 본질입니다.

과거 그리스인들은 우주의 본질을 자연철학적 관점으로 이해하고, 인간의 본질 역시 육체적인 것으로 보는 유물론적 사고가 팽배했습니다. 그리스 조각에서처럼 그들은 아름다운 육체를 가진 인간을 훌륭한 인간으로 생각했습니다. 그리고 강자의 편에 서서 자기중심적으로 생각하며 현실을 즐기면서 살기를 원했습니다. 이러한 사회적 분위기에서 소크라테스는 지혜의 원천으로서 영혼의 중요성을 역설한 것입니다.

"자신을 알려면 무엇보다도 지혜가 나오는
영혼의 영역을 들여다보아야 한다."(소크라테스)

이러한 소크라테스의 주장은 당시 국가가 인정하는 제우스 같은 신을 섬기지 않고 허황된 논리를 펴면서 청년들을 현혹한다는 혐의를 받았습니다. 실제로 멜레토스는 소크라테스를 신성 모독죄와 청년들을 타락시킨 죄로 고소했습니다. 재판장에서 소크라테스는 멜레토스의 무지와 모순을 지적하고, "나의 목숨이 붙어 있는 한 진리를 사랑하고 추구하는 일을 그만두지 않을 것이다"라며 당당하게 맞섰습니다.

소크라테스의 변론에도 불구하고 유죄를 선고받았고, 형량을 결정하기 위한 재판에서도 그는 애걸하기는커녕 "나는 국가적 위인으로 대접받아 마땅하다"라며 항명하다가 결국 사형을 선고받았습니다. 그는 사형 선고를 내린 배심원들에게 "지갑을 채우는 데에만 애태울 뿐 진리를 구하고 영혼을 개선하는 데에는 조금도 관심이 없다"라며 한탄했습니다. 그에게 법정 최고형인 사형이 선고되자 소크라테스의 제자들은 탈출을 권했습니다. 그러나 그는 "나는 지금껏 아테네의 법을 어긴 적이 없네. 곤경에 처했다고 새삼 법을 어기면 되겠는가"라며 당당히 죽음을 받아들였습니다.

그가 사후에 성인으로 추앙받게 된 것은 이처럼 부당한 권력과 타협하지 않고 죽는 순간까지 정의를 위해 투쟁했기 때문입니다. 그는 인간이 단지 다른 동물들보다 지식이 많고 지능이 높아서가 아니라 영혼을 지녔기 때문에 특별하다고 생각했습니다. 그리고 영혼이 제 기능을 발휘할 때 덕이 있고 인간다운 삶을 살 수 있다고 주장했습니다. 소크라테스는 평생 책 한 권 남기지 않았고 자신의 생각을 체계화하지도 않았습니다. 단지 당대의 사회적 권력과 행동으로 맞서며 경직된 지식을 자유롭게 한 미학적 인간이었습니다.

이러한 소크라테스의 사상을 철학의 체계로 발전시킨 사람은 플라톤입니다. 재능 많은 귀족 출신의 정치가 지망생이었던 플라톤은 소크라테스를 8년간 따라다니며 스승의 사상을 흡수했습니다. 그런데 아테네에서 가장 정의로운 사람이라고 생각한 스승의 죽음을 20대 후반에 경험한 플라톤은 큰 충격을 받았습니다. 그리고 아테네 민주주의가 통치 권력을 위한 형식적인 정치 행위에 불과하다는 사실을 절실하게 깨닫고 배신감을 느꼈습니다.

자신도 위험에 처할 수 있다고 생각한 플라톤은 아테네를 빠져나와 방황하면서 피타고라스학파의 수학자들과 교류했습니다. 그리고 스승이 추구한 절대 진리를 '이데아'라는 개념으로 체계화했습니다. 그가 생각한 이데아는 수학적 진리를 모든 사물에 확장하여 불변하는 완전한 사물의 본질을 의미합니다. 그는 진정한 진리는 이데아를 알았을 때 얻을 수 있다고 생각했습니다. 그리고 사물뿐만 아니라 정의나 선에도 이데아가 있다고 보고, 철학자가 선의 이데아로 통치할 때 정의로운 사회가 된다고 주장했습니다.

인간의 영혼을 이성, 기개氣槪, 욕망으로 구분한 그는 여기에서 각각 지혜, 용기, 절제의 덕이 만들어진다고 보았습니다. 그래서 통치자는 지혜의 덕, 수호자는 용기의 덕, 생산자는 절제의 덕이 조화를 이루어야 이상 국가가 될 수 있다는 정치철학을 세웠습니다. 아테네의 부정부패를 경험한 그는 구체적으로 사회 지도층은 사유재산과 가족이 있어서는 안 된다고 주장하기도 합니다.

소크라테스가 기존의 형식을 자유롭게 한 미학적 인간이라면, 플라톤은 이를 토대로 형이상학과 정치철학의 토대를 세운 과학적 인간이라고 할 수 있습니다. 그에 의해서 형이상학 철학의 형식이 세워지자 한동안 이러한 이분법적인 형식이 철학의 본질처럼 여겨지게 됩니다. 화이트헤드가 "서양철학은 플라톤 철학의 주석에 지나지 않는다"라고 말한 것도 이러한 맥락에서입니다.

이데아와 현상을 둘로 나누고 이데아를 진짜, 현상을 가짜로 이해하는 형이상학의 이분법적 경직성은 이후 많은 문제를 노출하게 됩니다. 그리고 20세기 후반 후기구조주의 철학의 표적이 되어 해체되기에 이릅니다.

철학적 업적으로 보면 소크라테스보다 플라톤이 크다고 할 수 있지만, 우리는 플라톤을 성인으로 추앙하지는 않습니다. 그는 형이상학의 형식적 체계를 세운 과학적 인간이기 때문입니다. 그러나 소크라테스는 목숨을 걸고 불의에 맞서 싸우면서 지혜의 원천인 영혼을 통해 경직된 지식을 자유롭게 하고자 했습니다. 당시 지식을 자랑하며 기득권을 누린 소피스트들은 역사의 뒤안길로 사라져 우리는 이름조차 기억하지 못하지만, 정의를 위해 죽은 소크라테스는 오늘날까지 성인으로 추앙받고 있습니다.

율법을 자유롭게 한
예수

．
。

　예수는 오늘날 전 세계에서 가장 많은 신도를 거느린 기독교의 시조로 알려졌지만, 그는 지금의 기독교 형식을 만들지 않았습니다. 그는 단지 당시 유대교의 경직된 율법주의 형식에 맞서 율법을 자유롭게 했을 뿐입니다. 그는 율법의 형식보다 우선하는 상위법이 우리 마음에서 우러나는 사랑이라고 주장했습니다.

　예수가 활동할 당시 막강한 기득권 세력이었던 유대교의 바리새파Pharisees는 모세의 율법과 형식을 철저하게 지켰습니다. 그들은 안식일에 아무 일을 하지 않고, 일주일에 두 번씩 단식하며 십일조를 정확하게 바쳤습니다. 이로써 스스로를 의롭게 여기며 이것을 따르지 않은 사람들을 멸시하고 엄하게 다스렸습니다. 그들의 율법은 너무 엄해서 안식일에 나무를 벤 사람을 사형시키기도 했습니다.

　그러나 예수는 안식일에도 병자들을 치료하고 천한 취급을 받던 거지나 세금 징수원과도 스스럼없이 어울렸습니다. 당시 유대인들은 가난하고 병든 자들과 접촉만 해도 부정을 탄다고 생각했기에 바리새파는 예수의 그런 행위를 비난했습니다.

바리새인들은 예수의 행동에 시시콜콜 시비를 걸었고, 격노하여 죽이려고 모의까지 했습니다. 후에 겟세마네 동산에서 예수를 잡은 폭도 중에도 바리새인이 있었습니다. 예수 같은 성인이 오죽 화가 났으면 그들에게 "이 독사의 자식들아!"라고 욕을 퍼부었겠습니까. 예수는 제자들에게 유대인이 신봉한 모세의 율법보다 사랑의 중요성을 설파했습니다.

"무엇이든지 남에게 대접을 받고자 하는 대로 너희도 남을 대접하라"(예수)

사랑으로 남을 보살피고 내가 원하는 것을 먼저 남에게 베푸는 것이 어떤 형식적 율법보다 중요하다는 것입니다. 로마 황제 알렉산더 세베루스가 이 구절에 감동하여 황금으로 써서 벽에 붙였다고 해서 이 원리를 '황금률'이라고 부릅니다.

공자도 이와 비슷하게 "내가 하기 싫은 일을 남에게 하지 마라"라고 말했습니다. 『논어』〈위령공편〉에 나오는 이 구절은 제자 자공이 공자에게 평생 지키고 행해야 할 덕을 한마디로 답해달라고 질문했을 때 한 말입니다. 타인에 대한 공감과 사랑이 어떤 율법보다도 중요하다는 것이 황금률이고 동서고금의 진리입니다.

예수가 전한 깨달음은 천국이 하늘에 있는 것이 아니라 우리 마음에 있다는 것이고, 어떤 형식을 통해서 갈 수 있는 것이 아니라 마음을 사랑의 주파수로 맞출 때 가능하다는 것입니다. 그래서 그는 제자들에게 "나는 아버지 안에 있고 아버지는 내 안에 계신 것을 네가 믿지 아니하느냐?"(요 14:10)라고 말했습니다. 그가 제자들에게 설파한 핵심적인 내용은 하나님 아버지와 하나 되는 유일한 길이 율법이 아니라 사랑의 마음에 달려 있다는 것이었습니다. 그래서 "내가 길이고 진리고 생명"이라고 말한 것입니다.

> **"내가 곧 길이요 진리요 생명이니 나로 말미암지 않고는**
> **아버지께로 올 자가 없느니라"**(예수)

그의 제자들이나 오늘날 기독교인들은 이 말을 오해하고 있습니다. 여기서 '나'와 대립 되는 건 남이 아니라 율법입니다. 따라서 '나'는 인간 내면의 순수한 본성으로서의 성령을 의미합니다. 예수의 복음은 오직 자기의 본성인 성령을 통해서만 하나님을 영접할 수 있다는 것이고 그것이 곧 천국이라는 것입니다. 그래서 그는 너희들이 "주여! 주여! 한다고 천국에 들어갈 수 있는 것이 아니다." "하나님의 나라는 너희 안에 있다"(눅 17:21)라고 누차 강조했습니다. 사랑은 성령의 작용 방식이기에 이것이 아버지께 나아가는 유일한 길이고 진리이고 생명이라는 것입니다.

인간은 자유의지가 있어서 마음의 주파수를 자신이 조정할 수 있습니다. 마음의 주파수를 하나님과 맞추면 하나님과 하나 되어 율법의 노예가 되지 않고 능력을 발휘하면서 자유롭고 창조적으로 살 수 있다는 것입니다. "진리가 너희를 자유롭게 하리라"(요 8:32)라는 그의 말은 "형식이 너희를 구속하리라"라는 말과도 같습니다. 우리가 형식에서 벗어나는 길은 자기 본성으로 돌아가 진리의 본체인 하나님과 와이파이로 연결하는 길밖에 없습니다.

마음에 시기와 질투, 미움과 분노의 주파수가 생긴다면 이미 마음이 바이러스와 악성코드에 감염된 것입니다. 그런 상태에서 율법을 형식적으로 아무리 잘 지켜도 소용이 없습니다. 그래서 예수는 자기를 핍박하는 원수마저 사랑하고 기도하라고 말합니다.

"네 원수를 사랑하고
너희를 핍박하는 자를 위하여 기도하라"(예수)

구약의 율법은 "눈은 눈으로 이는 이로 갚으라"라는 것이었습니다. 그래서 유대인들은 가나안 땅을 정복하기 위해 이방 민족과 전쟁을 하면서 여호와 신과의 약속이라는 명분으로 잔인한 살인과 복수를 서슴지 않고 자행했습니다. 그러나 피는 피를 부르고 분노는 분노의 에너지를 공명하여 증폭시킬 뿐입니다. 그래서 예수는 원수가 내뿜는 저주의 에너지마저 사랑의 파동으로 상쇄시키라고 한 것입니다. 그는 이것이 율법을 폐기하는 것이 아니라 완전하게 하는 것이라고 말합니다.

"내가 율법이나 선지자나 폐하러 온 줄로 생각지 말라.
폐하러 온 것이 아니요, 완전케 하려 함이로다."(예수)

예수는 자신의 몸은 사람(마리아)에게서 왔지만, 자신의 영혼은 하나님으로부터 받은 것이기에 하나님을 아버지라고 부르고, 자신을 그의 아들이라고 생각했습니다. 유대인들은 자신을 하나님의 종이나 노예라고 생각했지만, 예수는 자신의 영혼이 하늘로부터 온 것임을 깨달았기에 아들이라고 말한 것입니다. 독생자는 그런 영적인 의미입니다. 인간의 몸은 부모가 있어야만 태어나지만, 영혼은 하나님으로부터 직접 받은 유일무이한 독생자라고 할 수 있는 것입니다.

종에서 아들로의 신분 상승은 구약과 신약을 가르는 중요한 분기점입니다. 종은 율법의 노예가 되지만, 아들은 아버지와 마음으로 소통하고 교류할 수 있습니다. 그래서 이 복음을 "믿는 자들에게는 하나님의 자녀가 되는 권세를 주셨으니"(요 1:12)라고 말한 것입니다.

예수를 십자가에 직접 못 박은 사람은 로마인이지만, 그렇게 만든 진짜 장본인은 바리새인입니다. 그들은 율법의 형식으로 권력을 쥐고 기득권을 누린 정치적 인간입니다. 그들은 자신들을 구원할 메시아가 구약에 나온 문자의 형식대로 구름을 타고 하늘에서 온다고 믿었기에 마구간에서 인간으로 태어난 예수를 받아들일 수 없었습니다. 그들은 스스로 하나님의 아들이라고 외치는 예수를 유대인의 왕이 되려는 야심이 있다고 모함하여 십자가형을 받게 한 것입니다.

오늘날 기독교의 형식을 만든 건 예수가 아니라 그의 추종자였던 바울입니다. 그는 원래 예수를 핍박한 바리새파였고, 철저한 율법주의자였습니다. 그런 그가 예루살렘 교회를 핍박하고 다메섹 성도들을 체포하기 위해 가던 중에 예수의 성령을 체험하고 회심하여 이방인을 위한 사도로서 사명을 부여받게 됩니다.

여러 차례 전도 여행을 다니며 그리스도교를 로마에까지 전파한 그는 높은 학식으로 예수의 사상을 신학적으로 체계화하여 그리스도교의 기초를 세웠습니다. 예수가 관습적 전통을 파하고 새로운 비전을 열어준 미학적 인간이라면, 바울은 그것을 형식으로 체계화한 과학적 인간입니다.

바울의 헌신적 계몽으로 기독교는 4세기 초 콘스탄티누스에 의해 공인되어 세계로 전파되었습니다. 유대교는 오직 유대 민족을 위한 종교였기에 국외로 확산이 어려웠지만, 사랑을 외친 예수의 사상은 온 인류의 보편적 가치가 되었기에 거침없이 세계로 퍼져 나갈 수 있었던 것입니다.

그러나 그 세력이 커질수록 형식을 이용하려는 정치적 인간들에 의해 권력화가 이루어지고 다시 엄격한 형식을 중시하게 됩니다. 실제로 중세 기독교는 막강한 정치적 권력을 휘둘렀고, 그 권력에 맞서는 건 죽음을 자초하는 행위였습니다. 고인 물은 썩기 마련이듯이, 부패한 생활로 재정난에 허덕이자 로마 교황청은 성 베드로 대성당을 건축한다는 명분으로 면죄부를 만들어 판매했습니다. 그리고 누구든지 기부금만 내면 모든 죄를 용서받고 지옥의 불길에서 나오게 된다고 신도들을 유혹했습니다.

이처럼 형식과 권력의 결탁으로 부패하자 루터에 의한 종교개혁이 일어나게 됩니다. 루터는 모든 사람은 신 앞에 평등하고 진리는 사제들의 권위에 있는 것이 아니라 하나님의 말씀 안에 있다고 주장했습니다. 그리고 사람이 만든 외면적인 형식과 권위는 구원과 아무 관계가 없기에 신도를 옭아매는 모든 율법으로부터 자유로워져야 한다고 주장했습니다. 이로부터 구교와 신교가 분리되어 나왔습니다. 신교는 구교의 경직된 형식에 저항한 자들이기에 '프로테스탄트Protestant'라고 불렀습니다. 이들은 유대교의 율법에 저항한 예수의 정신을 계승하고자 했습니다.

　루터의 종교개혁에 동조한 칼뱅은 프로테스탄티즘에 현세주의를 접목시켜 금욕적인 생활 대신 현실에서 행복을 누릴 권리가 있음을 주장합니다. 이로 인해 기독교는 자본주의와 동조하며 양적인 성장을 이루었지만, 정작 예수 그리스도의 정신은 잊어버리고 다시 바리새파처럼 문자와 형식에 갇히게 됩니다. 문자와 형식에 갇힌 노예적 기독교인은 입으로는 예수를 절대적으로 신앙하지만, 아이러니하게도 그것은 예수를 두 번 죽이는 행위입니다.

제식을 자유롭게 한
석가모니

·
○

　석가모니는 불교의 창시자로 알려졌지만, 그가 불교의 형식을 만든 건 아닙니다. 기원전 6세기경 인도에서 태어난 그는 당시 브라만교의 엄격한 제사의 형식에 맞서 존재의 본질을 깨닫고 제식을 자유롭게 했습니다. 당시 브라만교는 인도를 침입한 아리아인들이 현지인들을 다스리기 위한 정치적 성격이 강했습니다. 인구가 적었던 침략자들은 자신들의 특권적 지위와 혈통의 순수성을 지키기 위해 엄격한 카스트제도를 만들었습니다. 그리고 자신들은 브라만이라는 사제 계급을 차지하여 막강한 권력을 누렸습니다. 신분에 따라 직업과 사회에서의 역할과 특권을 분담해준 카스트제도는 형식이 매우 엄격하여 자기 계급을 벗어난 사람과는 결혼뿐만 아니라 식사조차 할 수 없었습니다.

　그들은 카스트제도를 합리화하고 지속시키기 위해 신화를 만들어 세뇌하였습니다. 인도의 신화에서 태초에 스스로 태어난 푸

루샤가 인간을 만들기 위해 제사를 지내자, 머리는 브라만, 팔은 크샤트리야, 배는 바이샤, 발은 수드라가 되었다고 합니다. 이로써 브라만은 사제, 크샤트리아는 전사, 바이샤는 농부와 상인, 수드라는 노예 계급으로 정하고 여기에 들지 못한 사람은 불가촉천민이라 하여 인간 이하로 취급하였습니다.

제식을 주관하는 사제 역할을 담당한 브라만은 고대인들의 성스러운 지식과 시문이 담긴 『베다』를 경전 삼아 제사 의식을 아무나 할 수 없는 특권적 행위로 독점하고 신의 권위를 대신했습니다. 인도 사회의 최고위층을 선점한 이들을 중심으로 형성된 초기 인도 종교를 브라만교 혹은 바라문교라고 합니다.

인도인들은 아리아인의 침략이 잊힌 오랜 후까지 카스트제도를 시행했습니다. 힌두교의 전신이라고 할 수 있는 브라만교의 3대 강령은 '베다 계시주의'와 '브라만 지상주의', 그리고 '제식 만능주의'라고 할 수 있습니다. 브라만들은 제식의 순서나 주문을 조금만 달리하여도 재앙이 온다고 여겨 여러 종류의 베다 경전들을 발간하였습니다. 당시 브라만은 엄격한 형식과 규범을 통해 권력을 차지한 기득권 세력이었습니다.

베다 경전 중에서 기원전 8세기경에 등장한 『우파니샤드』에는 우주 창조의 근원적 원리인 '브라만'과 초월적 자아로서 영혼을 의미하는 '아트만'이 하나라고 보는 '범아일여梵我一如' 사상이 나와 있습니다. 이러한 사상은 브라만교의 형식적인 신분 질서를 뒤흔들 수 있는 위험한 내용입니다. 모든 인간에게 내재한 아트만이 하나님 같은 브라만과 하나라면, 제식을 담당하는 브라만 계급이 없어도 되기 때문입니다. 이러한 사상의 영향으로 브라만교의 전통에서 벗어나 스스로 진리를 찾으려는 사람들이 등장하게 됩니다. 그들은 제식 만능주의에서 벗어나 출가해서 수행을 통해 깨달음을 얻고자 했는데, 이들을 '사문沙門'이라 합니다.

사문 중의 한 사람이었던 석가모니는 왕자의 신분으로 태어나 부귀영화를 누렸지만, 고통받는 인간들의 문제를 해결하기 위해 29세에 부인과 아들을 버리고 출가합니다. 이후 선정의 최고 경지에 올랐으나 이에 만족하지 못하고 다섯 명의 수행자와 함께 고행의 길을 떠납니다. 그리고 6년간 피골이 맞닿을 정도로 고행을 했지만 깨달음을 얻지 못했습니다. 그래서 고행을 포기하고 유미죽으로 기력을 회복한 뒤 보리수 밑에서 좌선하며 깨달음을 얻겠다는 집착마저 내려놓는 순간 깨달음을 얻었습니다.

> **"이것이 있으므로 저것이 있고,**
> **이것이 없으므로 저것이 없다. 이것이 생하므로 저것이 생하고,**
> **이것이 멸하므로 저것이 멸한다."**(석가모니)

이것이 '인연생기因緣生起'의 법칙으로 줄여서 '연기緣起'라고 합니다. 모든 현상은 무수한 원인과 조건이 상호 관계하여 성립되므로 모든 조건과 원인이 없으면 결과도 없다는 것입니다. 석가모니는 만물의 인과관계와 상호의존성을 깨닫는 것이 법을 아는 것이고, 법을 깨달은 사람은 자기의 본성(불성)을 알 수 있다는 것을 깨달았습니다. 이것을 '삼법인三法印'이라 하는데, 모든 것이 항상 변한다는 '제행무상諸行無常', 자아의 실체 역시 존재하지 않는다는 '제법무아諸法無我', 무상과 무아를 깨닫지 못하고 모든 집착이 고통이라는 '일체개고一切皆苦'가 그것입니다.

인간의 고통에서 벗어나지 못한 원인이 무지와 집착에 있다는 것을 깨달은 석가모니는 집착을 버리고 '무아'에 이르면 누구든지 신분과 무관하게 열반에 이를 수 있다고 설파했습니다. 이러한 깨달음은 경전을 연구해서 얻은 결과가 아니라 모든 형식을 버리고 내려놓았을 때 얻은 것입니다.

석가모니의 가르침은 '고집멸도苦集滅道'로 집약됩니다. '고'는 삶 자체가 고통이라는 것이고, '집'은 고통의 원인이 마음속의 번뇌 때문이라는 것입니다. 그리고 '멸'은 번뇌와 망상을 소멸시켜야 해탈과 열반의 경지에 이른다는 것이고, '도'는 그러한 경지에 이르기 위한 수행 방법으로서 팔정도를 가리킵니다.

쉽게 설명하면, '고'는 이 세상에 사는 한 바이러스의 공격에서 벗어날 수 없다는 것이고, '집'은 고통의 원인이 나를 감염시킨 바이러스 때문이라는 것입니다. 그리고 '멸'은 고통에서 벗어나려면 바이러스를 퇴치하라는 것이고, '도'는 바이러스를 퇴치하는 백신 프로그램을 의미합니다.

사람이건 컴퓨터건 바이러스 공격에서 벗어날 수 없기에 백신 프로그램을 설치하여 수시로 감시해야 합니다. 컴퓨터는 백신으로 해결이 안 될 때 윈도우를 재설치하여 초기화하면 처음처럼 잘 돌아갑니다. 그러나 인간은 초기화가 어렵습니다. 트라우마가 무의식에 숨어 있다가 지속적인 오작동을 일으키기 때문입니다.

석가모니가 말한 '무아'는 관념의 바이러스를 완전히 박멸하여 본성 상태로 초기화된 상태입니다. 그러면 고통과 장애에서 벗어나 열반에 이를 수 있는데, 이를 위한 백신 프로그램을 녹야원에서 다섯 명의 제자에게 공개했습니다. '팔정도'라는 이 백신 프로그램에는 '탐진치貪瞋癡'(탐욕, 분노, 어리석음)라는 악성 바이러스를 퇴치할 수 있는 여덟 가지 기능이 탑재되어 있습니다.

1. 정견正見: 실상을 왜곡시키지 않고 있는 그대로 바르게 보기
2. 정사正思: 불필요한 집착과 번뇌 망상 없이 지혜롭게 생각하기
3. 정어正語: 남을 헐뜯는 망언이나 이간질하지 않고 바른말 하기
4. 정업正業: 남에게 원한을 만들지 않고 자비와 선을 베풀기
5. 정명正命: 생업을 위해 남에게 피해 주지 않고 바르게 살기
6. 정정진正精進: 게으르지 않고 용기 있고 성실하게 살아가기
7. 정념正念: 잡념과 망상에서 벗어나 항시 맑은 정신을 유지하기
8. 정정正定: 매사에 몰입을 통해 선정에 들어 마음을 안정시키기

이러한 백신 프로그램으로 바이러스를 완전히 퇴치하여 깨끗해진 마음을 '불성佛性', '본래면목本來面目', '참나' '견성' 등으로 부릅니다. 이것은 모두 분별이 생기기 이전으로 초기화된 마음을 의미합니다. 이 상태에서는 본성의 와이파이가 전파의 방해 없이 우주의 전파를 수신할 수 있기에 형식과 지식 없이도 우주의 정보를 얻을 수 있습니다. 이것을 깨달음이라고 합니다. 석가모니는 브라만교의 제식 없이도 깨달음에 이르는 길을 열어 보인 것입니다.

석가모니는 내면의 깨달음을 통해 제식을 자유롭게 한 미학적 인간이었습니다.

불교의 '불佛'은 산스크리트어인 'buddha'에서 온 말로 제식을 통해서가 아니라 자기를 주시해서 스스로 깨달은 사람을 의미합니다. 석가모니는 깨달은 사람이지 불교의 형식을 만든 사람이 아닙니다. 불교의 형식을 만든 이는 석가모니 사후 전쟁에서 수많은 사람을 살생한 후 회심한 아소카왕입니다. 인도를 최초로 통일하고 마우리아 왕조를 연 탄드라굽타의 손자인 아소카왕은 경쟁자인 형제들을 모두 죽이고 왕위에 오릅니다. 그리고 칼링가 전쟁에서 10만 명에 달하는 사람들을 잔인하게 살육했습니다.

전쟁이 끝난 후 그는 자신의 잘못을 뉘우치기 위해 불법에 귀의하여 살생과 육식을 금지하고 비폭력과 자비를 정치 이념으로 삼았습니다. 그리고 불전을 수집, 정리하고 석가모니의 사적지를 순례하며 8,000개의 사원과 1,000개의 스투파(탑)를 세웠습니다. 또 불법의 정신을 국민에게 계몽하기 위해 전국 각지에 마애 석주를 새겼습니다.

오늘날 불교의 상징처럼 된 사원과 탑 같은 형식은 아소카왕이 만들어 전파한 것입니다. 이처럼 불교의 형식이 갖추어지자 백성에게 자신을 불법의 수호자이자 불법의 보호를 받는 자로 세뇌하고 자신을 석가모니불과 동격으로 신격화하는 야심 찬 정치적 군주들이 등장하게 됩니다.

아소카왕에 이어 불교를 장려한 사람은 2세기경 쿠샨왕조의 전성기를 이끈 카니슈카왕입니다. 그는 중앙아시아를 중심으로 대제국을 건설하였는데, 이 무렵 간다라 지방에 그리스의 신상 조각이 전해지면서 그 영향으로 불상이 만들어지기 시작하고, 왕의 보호 아래 대승불교가 번영하게 됩니다. 초기 불교에서는 출가자와 재가자의 구분이 엄격하였으나 대승불교는 이러한 계율을 완화하여 중앙아시아 유목민들에게 불교가 빠른 속도로 보급됩니다. 또 브라만교에서 외부인은 낮은 카스트를 부여받았기에 외국으로 뻗어 나가기에는 불교가 훨씬 유리했습니다. 그러나 쿠샨 제국은 외국의 침략을 많이 당하면서 오히려 옛 인도의 전통을 지키려 하였고 브라만교를 계승한 힌두교가 대세가 됩니다. 역설적이게도 그리스도를 배출한 이스라엘에는 그리스도교가 없고, 석가모니를 배출한 인도에는 불교가 없습니다.

중국과 한국, 일본에 전파된 대승불교는 자기 수행에만 몰두하는 부파불교(소승불교)의 아라한들을 비판하고, 이타적인 실천으로 중생 구원을 돕는 보살을 중시합니다. 이러한 대승불교의 체계를 세운 사람은 용수龍樹와 세친世親입니다. 대승불교는 용수의 중관학파와 세친의 유식학파로 나뉘어 전개됩니다.

"인연因緣으로 생기는 법은 '공空'하다.

이는 또 가명假名이며 중도中道를 의미한다."(용수)

석가의 연기법을 계승한 용수는 세상의 어떤 존재가 있고 없어지는 건 이름뿐이지 자신의 본성이 아니기에 있고 없음을 떠나 있다고 봅니다. 이처럼 유무의 양극단을 초월해 있는 세계를 '중도中道'라고 합니다. 『반야심경』에 나오는 유명한 '색즉시공공즉시색色即示空空即示色'이 바로 중도를 의미합니다. 색은 물질적 현상계이고 공은 실체가 없는 세계인데, 이것이 서로 다르지 않다는 의미입니다. 우리가 이원적으로 분별한 중생과 부처, 번뇌와 깨달음, 색과 공, 선과 악 등은 둘이 아니기에 대립과 차별을 넘어서라는 것이 용수의 '중관中觀' 사상입니다.

여기서 둘은 한쪽으로 치우쳐 형식으로 굳어진 것입니다. 중도는 어느 한쪽으로 굳어지지 않은 상태이고, 이 상태에 있어야 지혜가 나올 수 있습니다. 둘이 아닌 중도를 '불이不二'라고도 합니다. 낮과 밤은 둘이 아니듯이, 행복과 불행도 둘이 아닙니다. 영원한 밤이 없듯이, 영원한 불행도 없습니다. 불행이 고정되어 있다고 생각하는 것이 불행입니다. 이분적 분별의 형식에 고착되지 않는 것이 중도이고, 중도를 지키는 것은 곧 선악과를 따먹지 않는 것입니다.

"오직 인식 작용만 있고, 인식 작용이 분별하여 상정한 대상은 허구이다."(세친)

용수가 불교를 존재론적으로 체계화했다면, 세친世親은 불교를 인식론적으로 체계화했습니다. 석가모니가 미학적 인간이라면 이들은 불교를 체계화한 과학적 인간들입니다. 4세기경에 활동한 세친의 '유식학唯識學'은 코페르니쿠스적 전환으로 평가받는 칸트의 인식론보다 1,400년 전에 나온 동양의 인식론이라고 할 수 있습니다.

세친의 '유식무경唯識無境'은 객관적인 사물이 존재하는 게 아니라 오직 인식만이 존재한다는 의미입니다. 이 말은 외계에 존재하는 것이 없다는 게 아니라 우리의 의식 작용에 따라서 주관적으로 앎이 만들어진다는 것입니다. 칸트가 『순수이성비판』에서 말한 '물자체'의 개념과 매우 흡사한 내용입니다. 그래서 『화엄경』에서는 '일체유심조一切唯心造'라고 하여 모든 건 마음이 지어낸 것이기에 우리가 고통에서 벗어나려면 일체의 구별과 집착에서 벗어나야 한다고 말합니다. 우리가 괴로움을 느끼는 것은 마음이 지금, 이 순간에 머물지 못하고 과거에 집착하거나 미래를 걱정하기 때문입니다.

유식학에서는 인간의 인식 작용을 8단계로 봅니다. 먼저 감각적인 인식으로 눈으로 보는 '안식眼識', 귀로 듣는 '이식耳識' 코로 냄새 맡는 '비식鼻識', 혀로 맛보는 '설식舌識', 몸으로 느끼는 '신식身識'이 있습니다. 그리고 이 5식을 종합하고 총괄하여 머리에서 느끼는 것을 '의식意識'이라고 합니다. 우리의 감각은 항상 6식인 의식과 결합하여 작동합니다.

의식 중에서 '개체적 자아'에 대한 의식을 '말나식末那識'이라고 합니다. 7식인 말나식은 원래 존재하지 않는 것인데, 이것이 나(에고)라고 생각하기에 번뇌와 망상이 집착의 형식으로 굳어져 고통을 당한다는 것입니다. 그리고 가장 심층에 있는 저장소를 '아뢰야식阿賴耶識'이라고 합니다. 8식인 아뢰야식은 무의식을 이루는 심층적 자아로서 여기가 깨끗해져야 윤회에서 벗어나 해탈할 수 있다고 봅니다. 우리의 업(카르마)이 이곳에 종자의 형태로 저장되면 우리의 생각과 행동을 지배당하게 된다는 것이 유식학의 핵심 내용입니다.

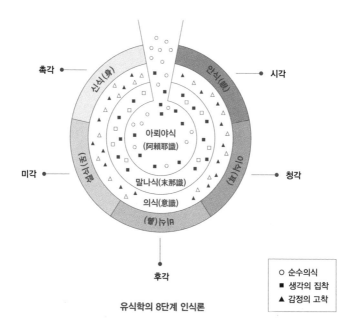

촉각 · 신식(身)
시각

안식(眼)

아뢰야식
(阿賴耶識)

이식(耳) 청각

미각 · 설식(舌)

말나식(末那識)

의식(意識)

비식(鼻)

후각

○ 순수의식
■ 생각의 집착
▲ 감정의 고착

유식학의 8단계 인식론

기독교와 달리 불교에는 과학적 인간들이 많아서 심리학적 체계화에 큰 성과를 올렸습니다. 그러나 불교도 오랜 역사를 이어오면서 정치 권력을 공고히 하려는 정치적 인간과 그 형식을 맹목적으로 따르고 기복 신앙으로 혜택을 누리려는 노예적 인간들이 본질을 흐리고 있습니다.

예법을 자유롭게 한
공자

•
○

공자는 유교의 창시자로 알려졌지만, 역시 그가 유교의 형식을 만든 것은 아닙니다. 그는 주나라의 봉건제도가 해체되고 중앙집권 체제가 형성되어가는 혼란기인 춘추전국시대에 활동한 정치사상가입니다. 당시 200여 제후국들은 공방을 거듭하며 강력한 몇 개의 국가로 통합되었는데, 여기서 살아남은 제후들을 '패자'라고 합니다. 이들은 약육강식의 논리로 약한 제후국들을 멸망시키고 광대한 영역을 통치할 관료 기구를 정비하였습니다. 이러한 대혼란기를 수습하기 위해 수많은 사상가와 학파가 등장하는데, 이들을 '제자백가'라고 부릅니다.

제자백가 중 한 사람이었던 공자는 오직 힘으로 천하를 지배하려는 제후들의 패도 정치에 맞서서 주나라의 예법을 모범 삼아 올바른 정치로 사회질서를 세우고자 했습니다. 패도 정치는 적자생존과 약육강식의 논리로 세상을 이해하고 아무 죄의식 없이 정복하고 거리낌 없이 폭력을 행사합니다. 그들에게는 강력한 권력만이 길이고 진리이고 생명입니다. 이러한 무법천지에서 살아남기 위해서는 양심보다 힘을 키워야 합니다. 권력을 위해 온갖 수단과 방법을 가리지 않기에 인륜이 무너지는 것입니다. 공자는 이러한 세태에서 어떻게 하면 이상적인 사회가 될 수 있을지 고민하였고 이를 위해서는 이상적인 인간관계가 필요하다고 생각했습니다.

공자가 찾은 이상적인 인간관계의 핵심은 '인仁'이라는 단어로 압축됩니다. '인'의 의미는 한국말로 '어질다'인데, 이는 마음이 너그럽고 선하여 덕이 높다는 뜻입니다. 공자는 제자 중궁仲弓이 지도자가 가져야 할 '인'에 대해 질문하자 다음과 같이 답했습니다.

"내가 하기 싫은 일을
남에게 시키지 마라"(공자)

『논어』에서 공자는 "밖에 나가서 사람을 만날 때는 귀한 손님 대하듯 하고, 아랫사람을 부릴 때는 큰 제사를 모시듯이 신중히 대하라. 내가 하기 싫은 일은 남에게도 하지 마라"라고 말합니다. 이 말은 예수의 황금률처럼 타인에 대한 공감 능력을 강조한 것입니다.

인간의 어진 본성을 드러내기 위해서는 이기적인 욕심을 극복해야 합니다. 그래서 공자는 "자기를 이기고 예로 돌아가는 것이 인이다.克己復禮爲仁"라고 정의했습니다. 여기서 자기는 나와 남을 나누고 나만을 위하는 에고를 말합니다. 이러한 에고의 욕심과 집착을 제압할 때 본성에서 우러나는 예절로 남을 공경할 수 있다는 것입니다.

유교에서는 예절과 인의 마음을 갖춘 사람을 '군자'라 하고 자기의 욕심과 이익만을 좇는 사람을 '소인'이라 합니다. 공자는 군자의 조건으로 예절의 형식을 중시했지만, 그것이 진실한 어진 마음의 바탕에서 우러나와야 한다는 점을 강조했습니다.

이러한 어진 마음이 부모에게 드러날 때 '효孝'가 되고, 형제에게 드러날 때 '제悌'가 되고, 나라에 미치면 '충忠'이 됩니다. 공자는 이처럼 인을 확대하여 가족과 국가를 이루면 아름다운 '대동사회'가 되리라고 생각했습니다. 그가 강조한 '수신제가치국평천하修身齊家治國平天下'는 먼저 "자기의 본성을 수양하고 닦아 가정을 바로 세우고 나라를 다스려야 세상이 편안해진다"라는 것입니다. 이것은 강압적 통치가 아니라 자기로부터의 혁명이 이루어져야 세상이 편안해질 수 있다는 의미입니다. 통치자들이 사리사욕에 따라 정치를 하면 민생이 파탄에 빠지게 됩니다. 공자 정치철학의 핵심은 힘과 권력으로 남을 다스리려 하지 말고 먼저 자신의 도덕적 본성을 닦으라는 것입니다.

**"군자는 남과 조화를 이루되 패거리를 짓지 않고,
소인은 패거리를 짓되 조화되지 못한다."(공자)**

타인과 조화된다는 것은 마음에서 우러나는 공감과 사랑으로 남과 어울린다는 것이고, 패거리를 짓는다는 건 권력을 위해 오직 형식으로 뭉치는 것입니다. 정치인이 겉으로는 좋은 명분으로 국민을 위하는 척하면서 실제로는 자신의 권력을 지켜줄 패거리를 만들어 분쟁을 만들면 민생이 파탄 나는 것입니다.

공자는 초월적인 내세에는 관심을 두지 않았습니다. 그의 제자 자로가 신을 섬기는 일에 대해서 질문하자 그는 "사람도 섬기지 못하는데, 어떻게 신을 섬길 수 있겠는가"라고 답했습니다. 그것은 인식할 수 없는 불가지의 세계를 논하는 것보다는 살아서 타인에게 인을 실천하는 것이 더 중요하다는 것을 강조한 말입니다.

공자는 현실에서 이상사회를 건설하고자 한 정치 사상가이지 종교인이 아닙니다. 그가 유교라는 종교를 만든 게 아니라는 것입니다. 단지 그는 기존의 정치제도를 개혁하여 인간 본성에 따라 아름다운 인간관계를 이룩하게 하려는 정치 사상가였습니다.

만년에 그는 이러한 자신의 사상이 위정자들에게 먹혀들지 않자 정치에 회의를 품고 고향에 돌아와 사학을 열고 제자 양성에 주력했습니다. 그리고 많은 저술 활동을 통해서 시와 서, 예와 악, 역학 등을 체계화하는 데 주력했습니다. 따라서 그는 미학적 인간으로 살다가 과학적 인간으로 만년을 보냈다고 할 수 있습니다.

정치 사상가로서 그의 위대함은 권력을 쥔 위정자에 타협하지 않고 도덕의 회복을 통해 이상사회를 건설하려 했다는 점입니다. 이러한 공자의 사상은 맹자에게 계승되어 '인의예지仁義禮智'의 사단四端으로 체계화됩니다. '인'은 '측은지심惻隱之心'으로 남을 측은하게 여기고 사랑하는 마음입니다. '의'는 '수오지심羞惡之心'으로 잘못을 부끄러워하고, 옳지 못함을 미워하는 마음입니다. '예'는

'사양지심辭讓之心'으로 겸손하여 남에게 양보할 줄 아는 마음입니다. '지'는 '시비지심是非之心'으로 옳음과 그름을 가릴 줄 아는 지혜의 마음입니다. 이러한 마음은 인간의 본성이자 양심입니다.

이러한 유교의 인성론을 철학적으로 체계화시킨 것이 성리학입니다. 주자에 의해 집대성된 성리학은 인간의 심성을 우주의 이치와 일치한다는 가정하에 그 관계를 논했습니다. 조선 시대를 뜨겁게 달군 사단칠정 논쟁은 인간의 본성인 사단과 인간의 기질인 칠정(희노애락애오욕)의 관계를 우주의 '이理'와 '기氣'의 관계로 이해하고자 한 것입니다. 성리학자들은 인간의 본성을 체계화한 과학적 인간이라고 할 수 있습니다.

공자의 사상은 동양사상뿐만 아니라 동아시아 국가들의 정치 모델로서 많은 영향을 주었습니다. 그러나 본성의 바탕과 예절의 조화를 중시한 공자의 사상은 실제 정치에서 정치적 인간들의 권력을 공고히 하는 도구로 이용되었습니다. 그래서 예절의 형식만을 강요함으로써 경직된 서열 제도와 봉건적 신분제도가 정착된 것입니다. 임금에 대한 충성을 강요하고, 남성 중심의 가부장적 사회가 된 것도 이 때문입니다. 또 개인의 능력보다 신분을 중시하고, 양반들의 체면 문화와 분수에 맞지 않는 허례허식, 아랫사람에게 맹목적 순종을 강요한 점도 제도적 형식만 남은 유교의 부작용이라고 할 수 있습니다.

그러나 이러한 부작용은 공자의 한계가 아니라 예절의 형식을 정치적으로 이용한 정치적 인간의 문제입니다. 이들이 교묘하게 떡밥을 주면서 백성을 노예적 인간으로 만든 것입니다. 이처럼 사

회적 타락은 언제나 정치적 인간과 노예적 인간의 공모로 이루어
지는 것입니다.

질문   **우리가 아는 사대성인은 대부분**
종교의 시조들인데, 그들을 미학적 인간으로
규정하는 것이 이해가 잘 안 됩니다.
미학과 종교는 어떤 관계가 있는 것인가요?

원래 종교는 존재의 근원을 탐구하고 인간이 어떻게 살아야 하는지를 다룬다는 점에서 그 출발이 인문학입니다. 인문학은 종교의 가장 순수한 모습이라고 할 수 있습니다. 저는 우리가 아는 위대한 성인들은 부조리한 현실에 타협하지 않고 모두 아름다운 세상을 꿈꾸었던 인문학자이자 미학적 인간이라고 생각합니다. 그들은 모두 경직된 형식이나 규정적 판단 대신 반성적 판단력으로 자기 안에서 진리를 찾았습니다. 그러나 편하게 구원과 행복을 얻으려는 노예적 인간의 요구를 정치적 인간들이 이용하면서 종교에서 인문학적 사유가 빠지고 계몽적 경전과 형식만 남게 되었습니다. 형식이라는 방편이 본질을 대신하면 언제나 타락이 일어납니다. 그래서 우리 사회의 모든 분야에서 굳어진 형식을 자유롭게 하는 사람이 필요하고, 그런 사람을 저는 넓은 의미로 미학적 인간으로 부르고 있습니다. 그런 관점에서 위대한 성인들을 종교의 시조가 아니라 미학적 인간으로 본 것입니다.

산의 정상에 오르는 여러 길이 있듯이, 진리는 하나지만 형식은 다양합니다. 만약 종교가 지금처럼 구원을 명분으로 형식을 절대시하고 권력으로 이용한다면, 인류를 위해 사라져야 할 문화가 될 것입니다. 지금 우리에게 필요한 것은 구원을 파는 정치 권력이 아니라 본질을 가리는 형식들을 자유롭게 할 미학적 인간이라고 생각합니다. 그것만이 종교적 갈등에서 벗어나 순수한 진리 탐구로 나아갈 수 있기 때문입니다.

요즘 사이비 종교가 난무하여
많은 사회적 문제를 일으키고 있는데,
정통과 사이비를 무엇으로 식별할 수 있습니까?

성경에 "진리가 너희를 자유케 하리라"라는 말이 나오는데, 우리를 어떤 형식으로 억압하고 구속하면 사이비입니다. 사이비 교주는 달콤한 형식으로 노예적 인간을 부릴 수 있는 정치적 인간입니다. 사이비의 특징은 자신이 정한 형식을 위해서 사회를 떠나게 하고 가정을 버리게 합니다. 그들은 소속을 중시하고 죄의식을 이용하여 세뇌와 협박으로 오직 교주와 자기 집단을 위해서 모든 것을 버리게 합니다. 또 개인의 본성과 잠재 능력을 깨우쳐주는 것이 아니라 소속과 형식의 틀 안에 가두어 노예로 만들어버립니다.

반면에 정통은 진리를 깨닫게 만들어서 우리를 형식의 속박에서 자유롭게 합니다. 그러면 삶 자체가 신앙이 되고 생활 속에서 이치를 깨닫게 됩니다. 참된 진리는 일상과 신앙의 경계를 없애주고, 자기의 잠재능력을 일깨워 기쁨과 감사로 창의적인 삶을 살게 합니다.

질문   예수는 사랑을 외쳤는데, 왜 대부분의 전쟁이
기독교와 관련해서 일어날까요?

지금도 중동 전쟁이 끊이지 않고 있지만, 과거 십자군 전쟁부터 인류의 대부분 전쟁에 기독교가 개입된 것은 사실입니다. 이것은 유일신 신앙

을 정치적으로 이용하기 때문입니다. 유일신 신앙은 인간을 포함한 모든 만물을 하나님이 사랑으로 창조했다는 사상입니다. 이렇게 보면 모든 인류는 하나님의 자녀이고 형제이기에 하나가 될 수 있습니다.

그러나 아브라함으로부터 비롯된 유대교는 여호와를 이스라엘의 민족신으로 끌어내렸습니다. 그래서 여호와의 약속이라는 명분으로 가나안 땅을 무력으로 점령하고 그 과정에서 원주민들과 이방 민족에게 반인륜적 살육을 감행했습니다. 살인은 어떤 명분으로도 합리화할 수 없는 범죄입니다. 이것을 종교적으로 미화시키는 것은 선민사상과 민족주의를 위한 정치적인 행위입니다.

예수는 "눈에는 눈으로, 이에는 이로 갚으라"(레 24:20)라는 유대 율법에 반하여 상대가 "오른뺨을 치거든 왼뺨마저 돌려 대고 속옷을 가지려고 하거든 겉옷까지도 내주어라. 누가 억지로 오 리를 가자고 하면 십 리를 같이 가주어라"(마 5:39-41)라고 했습니다. 이처럼 모두를 형제로 생각하고 원수도 사랑하는 게 참다운 유일신 신앙입니다. 상대가 아무리 미워도 자식이나 형제로 생각한다면 원수로 여기지 못할 것입니다. 기독교가 유대교처럼 민족종교에 그치지 않고 전 세계로 확산할 수 있었던 것은 예수의 그러한 보편적 사상 때문입니다. 그런데 이방을 나누고, 타 종교를 멸시하는 건 유일신 신앙이 아니라 타 집단과 이 갈등을 이용하여 내부의 결속을 다지려는 정치적 행위입니다. 유일신 신앙의 유일한 증표는 형식과 소속의 울타리를 만들지 않고 진리로서 하나 되게 하는 것입니다.

또 다른 이유는 선악과에 대한 잘못된 해석 때문이라고 생각합니다. 창세기에 인간의 원죄로 나오는 선악과는 선과 악을 이분법으로 나누는 분별적 지식을 의미합니다. 선악을 나누는 기준이 사랑의 마음이 아니라 어떤 형식에 의해서 결정되면, 악의 축을 설정하고 악을 징벌한다는 명분으로 갈등을 일으키게 됩니다. 인간의 모든 갈등과 범죄는 이처럼 선악에 대한 정치적 판단에서 비롯되기에 원죄라고 하는 것입니다. 동물은 그러한 분별심이 없기에 선악과를 따 먹지 않습니다. 이러한 선악과를 무슨 과일 열매라고 생각하기 때문에 보편적 진리가 아니라 신화에 불과한 이야기가 되는 것입니다. 진리는 시대를 초월하여 적용되기에 영원합니다. 선악과의 심오한 의미를 모르기 때문에 선을 명분으로, 신을 명분으로 전쟁을 하고 선악과를 따 먹는 것입니다.

질문   **진리가 하나라면 기독교와 불교,**
예수와 석가모니의 근본적인 차이가 무엇일까요?

진리는 하나지만, 도달하는 길은 다양합니다. 예수는 마음의 주파수를 근원이신 하나님과 맞추는 채널링을 중시했습니다. 그리고 마음이 사랑의 상태가 될 때 성령이 작용하여 하나님의 마음과 공명을 일으킨다고 가르쳤습니다. 율법이 본질이 아니고 마음이 사랑의 상태로 되어야 채널링이 성공한다는 것입니다.

그러나 우리 마음이 에고의 집착과 망상으로 가득 차 있으면 분노와 저주의 주파수에 맞춰지기에 뜻대로 되지 않습니다. 그래서 석가모니는 팔정도라는 백신 프로그램으로 마음의 바이러스를 제거하는 방식을 취했습니다.

기독교는 가장 이상적인 모델에 마음의 주파수를 맞춤으로써 사랑의 본성에 도달하게 하는 방법입니다. 이 방법은 직관과 믿음이 강한 사람에게는 효과적이지만, 자칫 주파수가 저급한 영과 맞춰진 걸 하나님과 소통했다고 착각하는 부작용이 생길 수 있습니다. 기독교에서 사이비

교주가 많이 나오는 이유는 이 때문입니다.

반면에 불교는 오염된 자신의 마음을 청소함으로써 본성에 도달하는 방법을 취합니다. 이 방법은 비약이 없고 안정감이 있지만, 심리 치유에 머무를 수 있습니다.

이처럼 방법은 다르지만, 진리를 외적인 형식에서 찾지 않고 마음에서 찾았다는 것은 공통점입니다. 불교도 대승불교에 이르면 채널링을 활용하는 종파들이 나오면서 기독교와 유사해지는 경향이 있습니다. 실제로 아미타불을 신앙하는 정토종은 기독교와 별 차이가 없어 보입니다. 산을 오르는 코스는 많아도 정상에 오르면 결국 한 장소에서 만나게 됩니다. 흔히 신과 채널링하는 방법을 타력 신앙이라 하고, 스스로 마음을 정화하는 방법을 자력 신앙이라고 하지만, 본성에 이르면 자타일여自他一如가 되어 자력과 타력을 구분하는 것 자체가 의미가 없습니다.

질문   **불교에서 고통에서 벗어나 열반에 이르려면**
         '무아'의 상태가 되어야 한다는데,
         내가 없으면 참나도 없는 것 아닌가요?

무아와 참나의 관계는 오늘날 불교계의 뜨거운 쟁점입니다. 선불교에서는 교리 공부 대신 마음 공부를 통한 깨달음을 추구하고 그것을 '견성見性'이라고 합니다. 이는 우리 마음이 곧 부처이므로 경전 대신 곧바로 본성을 보아 깨달음에 이른다는 것입니다. 그러나 용수의 중관학파에서는 연기론에 의해 개체들이 지속으로 변하기에 자성이 없는 '공空'의 상태로 봅니다. 이렇게 보면 참나의 개념은 힌두교의 아트만과 다르지 않고, 석가모니가 주장한 무아의 개념과 대치되는 것이라고 공격합니다.

그러나 참나와 무아는 개념적으로 유무의 대립을 이루지만, 실제적으로는 한 존재의 양면성입니다. 어둠과 밝음은 개념적으로는 대립하지만, 실제로는 어둠에서 밝음이 나오고 밝음에서 어둠이 나오기에 대립이 아니라 하나입니다. 지구를 태양 쪽에서 보면 밝고, 반대쪽에서 보면 어둡습니다. 밝은 것도 지구이고 어두운 것도 지구입니다. 의식과 무의식은 개념적으로는 대립하지만, 실제로 무의식은 의식이 없는 게 아니라 감춰져 있는 것입니다. 무의식이 드러나면 의식이 되고, 의식이 감추어지면 무의식이 되기에 정신의 양면이라고 할 수 있습니다.

인간을 연기적 측면에서 보면 외부 환경과의 관계 속에서 항상 변하기에 무아입니다. 그러나 변한다고 주체가 없는 것은 아닙니다. 사과나무는 계절과 날씨에 따라 지속으로 변하지만, 종자가 변하는 것은 아닙니다. 우리는 이 종자를 본성 혹은 참나라고 말합니다. 인간도 다른 종자와 구분되는 참나가 있기에 개성이 다른 것입니다. 그러나 이 정체성은 연기 작용 속에 고정된 것이 아니기에 무아라고 할 수 있습니다. 무아는 고정불변하는 실체로서의 내가 없다는 것이지 참나가 없다는 말은 아닙니다. 무아와 참나의 관계는 역학에서 무극과 태극의 관계와 같습니다. 이것은 하나의 양면입니다.

질문   **도교의 시조인 노자는
왜 사대성인에 들지 못하는 것일까요?**

노자는 『도덕경』이라는 훌륭한 경전을 남겼지만, 실천적인 면에서는 소극적이었습니다. 소크라테스와 예수는 당대의 관습적 형식에 맞서 투쟁하다가 사형까지 당했습니다. 억울하게 오해를 받고 죽는 것만큼 신화적이고 극적인 일은 없습니다. 공자는 비록 실패로 끝났지만, 혼란한 정치판에 뛰어들어 적극적으로 사회 제도를 개혁하고자 했습니다. 석가모니도 브라만교의 제식 만능주의를 마음 수행으로 바꾸어놓았습니다.

그러나 노자는 현실적 개혁보다 사상 자체에 중시했습니다. 그의 『도덕경』은 "도를 도라고 규정하면, 영원한 도가 아니다."라는 말로 시작합니다. 도는 인간의 지성으로 인식할 수도 없고 규정될 수 없기에 규정하는 순간 오류를 범하게 됩니다. 그가 주장한 '무위자연'은 아무것도 하지 않는 소극적인 상태가 아니라 사회가 만든 인위적인 제도와 형식에서 벗어나 자기가 주인이 되어 세상을 품는 적극적인 상태입니다. 그래서 "무위로 행하면 세상에 안 되는 일이 없다."라고 한 것입니다.

그런 측면에서 보면 노자도 정치 사상가라고 할 수 있습니다. 그러나 그의 철학은 훌륭했지만, 막상 현실에서는 형식을 떠나 살 수 없기에 실현하기에는 간극이 너무 컸습니다. 그래서 그런지 자신도 직접 사회 개혁에 뛰어들지 않았습니다. 그래서 그는 크게 핍박을 당하지 않고, 은거하면서 오래도록 살았습니다. 중국인들은 성공하고 있을 때는 유교도가 되고, 실패하면 도교도가 된다는 말이 있을 정도로 그의 사상은 현실 도피 사상으로 간주되었습니다. 저는 이점이 노자가 성인으로 추앙되지 못한 이유라고 생각합니다.

노자의 추종자들은 그의 정치철학을 사람들이 원하는 장수와 양생, 영생을 추구하는 종교로 변형시켰습니다. 도교가 종교로서 체계를 갖추게 되는 것은 3~4세기 무렵 위백양魏伯陽과 갈홍葛洪이 학술적인 기초를 제공하면서부터이고, 이후 불교의 영향으로 의례를 보완하여 조직을 정비한 것입니다.

질문   공자를 추종한 맹자는 성선설을 주장하여
순자의 성악설과 논쟁을 벌였습니다.
성선설과 성악설 중 어떤 것이 맞는 이론일까요?

성선설은 인간을 본성의 관점에서 본 것이고, 성악설은 인간을 에고의 관점에서 본 것입니다. 우리는 본성으로서의 참나도 있고 에고로서의 자아도 있기에 둘 다 맞다고 할 수 있습니다. 단, 성선설은 인간의 이상적인 측면을 말한 것이고, 성악설은 현실적인 측면을 말한 것입니다.

아무리 건강한 사람도 현실적으로 병이 없는 사람은 없습니다. 그러나 우리가 병을 자각한다는 건 상대적으로 건강한 상태가 존재한다고 상상할 수 있기 때문입니다. 그러기에 의학이 존재하는 것입니다. 의학은 실제적인 질병을 통해 이상적인 건강을 연구합니다. 마찬가지로 우리는 실제적인 악을 통해 선을 연구합니다. 지구를 태양 쪽에서 보면 밝고 반대쪽에서 보면 어둡습니다. 마찬가지로 인간을 이상적으로 보면 성선설이 맞고 현실적으로 보면 성악설이 맞습니다. 이것은 하나를 선택해야 하는 것이 아니라 인간의 양면성입니다.

질문   그럼 창조론과 진화론도 대립이 아닌가요?

창조론은 우주 생성의 근원을 신화적 관점에서 본 것이고, 진화론은 현상적 관점에서 본 것입니다. 여러분은 어떻게 태어났습니까? 어머니와 아버지가 우연히 만나 여차여차해서 눈이 맞아 사랑 끝에 낳았다고 설

명하면 신화적인 방식입니다. 그러나 한 마리의 정자가 수억 대 일의 경쟁을 뚫고 난자와 만나 수정을 하고 자궁에서 배아를 거친 끝에 태어났다고 하면 현상적인 설명입니다.

모든 현상의 배후에는 그것을 가능하게 하는 어떤 의지를 가정할 수 있습니다. 그 의지의 주체를 플라톤은 이데아라고 불렀고, 종교에서는 신이라고 부르고 있습니다. 그것을 어떻게 부르든 현상의 원인으로서 의지의 주체를 부정하기는 어렵습니다. 진화론자인 다윈도 "신의 존재를 부정한다는 의미에서 결코 나는 무신론자인 적이 없으며 불가지론자라는 것이 나의 마음 상태의 좀 더 정확한 기술일 것이다"라고 말했습니다. 이 세계를 현상적으로 관찰하면 진화의 연속입니다. 현상을 작용의 관점에서 보면 진화론이고, 주체의 의지적 관점에서 보면 창조론이 됩니다. 창조론은 진화의 원인을 알게 하고, 진화론은 창조의 원리를 알게 한다는 점에서 상생의 관계이지 대립하는 것은 아니라고 봅니다. 세계를 이원적 대립을 만들고 싸움을 하는 건 정치적 인간의 특징입니다. 이들은 선과 악을 이분법으로 나누고 명분을 만들어 분란을 일으키고 권력을 잡는 데 주력합니다. 그러나 미학적 인간은 이러한 대립을 조화시키고 상극을 상생의 관계로 조화시키려는 사람입니다.

질문　　　**정치적 인간에 대해 매우 부정적인**
견해를 갖고 계신 거 같습니다. 이상적인
정치인은 어떤 사람인가요?

정치의 본질은 남을 위한 헌신입니다. 정치는 우리 사회에서 가장 이타적인 사람이 해야 하는 직업입니다. 예술가처럼 이기적인 사람은 정치에 기웃거리지 않습니다. 따라서 홍익익간은 정치인이 갖추어야 할 가장 중요한 덕목입니다. 그러려면 우선 자신이 행복하고 충족감이 있어야 합니다. 그런 측면에서 저는 공자의 군자 개념을 지지합니다. 물은 자신의 그릇이 차야 주변으로 넘쳐흐를 수 있는 것입니다.

그러나 자신이 채워지지 않은 정치인은 정치를 통해서 그것을 채우려고 하기에 부작용이 발생합니다. 그들은 권력욕에 젖어 편 가르기로 자기 편을 만들고 오직 권력을 지속하기 위한 정책을 펴게 됩니다. 그러면 무정부 상태보다 못한 사회가 되는 것입니다.

노자가 말한 것처럼 자신을 최대한 드러내지 않고 저절로 이치대로 되도록 하는 정치인이 좋은 정치인이라고 생각합니다. 자신의 치적을 자랑질하고 교묘하게 사람들을 노예적 인간으로 전락시키는 정치인은 최악의 정치인입니다.

환웅의 건국이념인 홍익인간 '제세이화在世理化'는 위대한 정치철학입니다. 우리 민족은 원래 위대한 정치철학을 가진 민족인데 이러한 철학이 계승되지 못하고 있는 듯합니다.

참고로 제가 말하는 정치적 인간은 철학적 개념이지 직업으로서의 정치인을 지칭하는 것은 아닙니다. 정치인도 세종대왕처럼 미학적 인간이 있을 수 있고, 예술가도 정치적 인간이나 노예적 인간이 있을 수 있습니다.

4강 ——— 창조적
의식으로
깨어나기

창조적으로
살아야 하는 이유

•
◦

누구나 행복을 추구하지만, 행복이 무엇인지 아는 사람은 많지 않습니다. 행복은 존재의 목적에 가장 부합할 때 느끼는 쾌감입니다. 존재 목적을 모르면 올바른 선택을 할 수 없고, 항상 남의 눈치를 보며 남의 뒤를 따라가게 됩니다. 인생이 여행이라면, 자신의 목적지를 알아야 그에 따른 길을 선택할 수 있습니다.

때로는 이러한 문제를 인식하고도 목적 세우기를 미루고 우선 당장 해야 할 일에 급급합니다. 우선 대학에 가고, 우선 취직하고, 우선 결혼하고, 우선 돈을 벌고, 우선 집을 사고, 우선 승진하고, 우선 명예를 얻고 등등을 하며 급한 불을 끄다 보면 어느새 노인이 되어 죽음이 다가와 있을 것입니다. 그리고 내가 무엇을 위해 살았는지 인생무상을 느끼고, "내 이럴 줄 알았다"라며 우선 죽음을 맞이하게 됩니다. 여행에서는 있을 수 없는 일이 우리 인생의 여행에서 태연하게 일어나고 있는 것입니다.

그러나 우리가 6개월 시한부를 선고받았다고 하면 생각이 달라질 것입니다. 인생은 원래 시한부인데 그 시기를 너무 막연하게 생각하기에 목적을 점검하지 않고 우선해야 할 일에 몰두합니다. 그러나 기간이 정해지면 목적에 적합하게 내가 해야 할 중요한 일이 무엇인지를 찾게 됩니다. 6개월 시한부를 선고받은 사람이 돈을 벌기 위해, 명예를 얻기 위해 발버둥 치지는 않을 것입니다. 그것은 수단이지 본질이 아니기 때문입니다. 우리는 본질을 모르기 때문에 수단에 집착합니다.

우리가 수단에 집착하는 건
본질에 무지하기 때문이다.

인문학은 존재의 목적과 본질을 사유하는 학문입니다. 그것을 알 때 수단이 의미 있기 때문입니다. 그런데 오늘날 배금주의가 팽배한 자본주의 사회에서는 돈이 목적이 되면서 문제가 되고 있습니다. 이러한 사회에서는 모든 선택이 돈에 의해서 이루어집니다. 공부 잘하는 학생들이 모두 의대로 몰리고, 철밥통으로 불리는 공기업이나 공무원이 인기가 많은 건 적성 때문이 아닙니다. 모든 가치의 기준이 돈이 되어버린 사회에서 사람들은 건물주를 꿈꾸고 좋은 집에서 편안한 노후를 설계합니다.

우리는 편안하고 안락한 생활이 행복을 가져다줄 거로 생각하지만, 전혀 그렇지 않습니다. 통계적으로 인간은 위기에 처했을 때 훨씬 삶에 생기가 넘치고 의욕에 찹니다. 세계에서 자살률이 가장 낮은 나라는 선진국이 아니라 시리아나 레바논 같은 전쟁 중인 곳입니다. 그에 비해 복지가 좋은 선진국의 자살률이 훨씬 높습니다. 위기가 닥치면 사람들은 살기 위해 몸부림치지만, 편안해지면 오히려 정신적으로 나른해지고 권태로워집니다. 한국도 과거 전쟁 직후의 보릿고개 시절보다 경제 대국이 된 지금이 우울증과 자살률이 수십 배나 증가했습니다. 그런데도 자살의 원인을 경제적인 문제로 진단하는 것은 잘못된 접근입니다.

권태는 소리 없이 영혼을 갉아먹는
정신의 암이다.

권태는 다른 어떤 고통보다도 헤어나기 힘든 근원적 불쾌감입니다. 자녀의 진학을 위해 헌신적으로 봉사하다가 막상 대학에 들어가면 시간이 많아지고 행복할 것 같지만 오히려 권태가 찾아옵니다. 그때 우울증에 걸리는 사람이 많습니다. 직장과 가족을 위해 몸 바쳐 헌신적으로 일하다가 은퇴하면 자기 시간이 많아져 행복할 것 같지만 그때 오히려 권태가 찾아옵니다. 그래서 은퇴하고 병을 얻기도 하고 갑자기 늙어버리는 사람이 많습니다. 노인들의 자살 인구가 압도적으로 높은 이유도 일이 힘들어서가 아니라 삶이 권태롭고 무의미하다고 느껴지기 때문입니다.

이것은 안락과 편안함이 행복을 보장해주지 못한다는 것을 의미합니다. 목적 없는 편안함은 권태를 부릅니다. 배가 고파서 생기는 고통은 음식을 먹으면 해결되고, 몸이 아파서 생기는 고통은 병을 치료하면 해결이 됩니다. 또 직장에서 나를 괴롭히는 상사 때문에 고통을 당하면 직장을 옮기면 해결이 됩니다. 그러나 권태에서 오는 고통은 헤어나기 어려운 고통입니다.

권태를 잊기 위해 오락과 환락에 빠져보지만, 쾌락의 시간이 지나면 어김없이 더 큰 권태가 밀려옵니다. 금수저로 태어난 재벌 2세들이 종종 술과 마약에 빠지는 것은 그 때문입니다. 그럴수록 중독에서 헤어나기 어렵고 권태를 키울 뿐입니다.

실존주의 철학자 하이데거는 인간이 "편안함으로의 도피"로서 권태와 실존적 불안에서 벗어날 수 없다고 말합니다. 그가 말하는 실존은 주체적으로 자신의 가치를 발견하고 자기의 뜻을 창조적으로 실현해가는 것입니다.

> **"실존은 호기심을 좇거나 남을 따라 사는 것이 아니라,**
> **스스로 자신의 새로운 가능성을 기획하고**
> **사는 '기투project'다."**(하이데거)

하이데거에 의하면, 자신의 의지와 상관없이 세상에 던져진 '현존재'로서의 인간은 단순히 종족 보존이나 생명 유지에 만족하지 않고 어떻게 살아야 하는지, 어떠한 삶이 이상적인 삶인지를 끊임없이 고뇌하는 존재입니다. 그래서 우리는 불안과 죽음의 공포로부터 결단코 도망갈 수 없습니다. 그가 말하는 '기투企投'는 이러한 한계 상황을 자각하고 삶의 의미를 질문하며 적극적으로 삶을 기획하여 새로운 존재 가능성에 몸을 던져 실현하는 것입니다. 그래서 그는 인간을 "피투彼投의 상태에서 기투企投하는 존재"라고 정의합니다. 어쩔 수 없이 던져진 현실을 받아들이고 적극적이고 능동적으로 삶을 기획하는 존재라는 것입니다.

우리가 여행할 때 길을 잃어버리면 불안해지듯이, 인생의 목적에서 벗어나면 불안을 느끼게 됩니다. 우리가 편안함에서 불안과 권태를 느낀다는 것은 편안함이 인생의 목적이 아니라는 것을 의미합니다.

진정한 노후 준비는 자신의 창조성을
발휘할 일을 만들어놓는 것이다.

요즘은 은퇴가 빨라지고 인간의 수명은 길어져 적극적인 노후 준비가 필요합니다. 그러나 노후 준비를 편안하게 지낼 집과 안락한 생활을 가능하게 할 돈을 마련하는 것으로 여긴다면, 매우 위험한 생각입니다. 진정한 노후 준비는 내가 창의적인 일에 재미있게 몰두할 수 있는 일을 만들어 놓는 것입니다. 무슨 일이든지 수입과 상관없이 내가 흥미를 갖고 신나서 몰두할 수 있는 것이면 됩니다. 우리는 어딘가에 몰두할 때 자신의 한계를 초월하여 창조성을 발휘하게 됩니다. 자신에게 잠재된 창조성이 발휘될 때 비로소 우리는 진정한 행복을 느낄 수 있습니다. 그 행복은 편안함에서 오는 행복과 비교할 수 없는 근원적인 행복입니다.

창조적인 일에 몰입하면 좋은 집이 아니어도 행복할 수 있지만, 그렇지 않으면 아무리 편하고 좋은 환경에서 생활해도 권태를 느끼게 되어 있습니다. 글이나 그림도 좋고 자기 마음대로 자유롭게 선택하고 결정할 수 있는 일이면 됩니다. 이것은 하루아침에 되는 것이 아니기에 꾸준한 준비가 필요합니다. 준비된 사람은 경제력이 부족해도 행복할 수 있습니다. 사실 요즘은 굶어서 죽는 사람보다 자살로 죽는 사람이 많습니다. 우리가 진짜 걱정해야 할 일은 경제적인 어려움보다 자신의 창조력을 발휘할 수 있는 분야를 확보하지 못하는 것입니다.

아프리카 속담에 "노인이 세상을 떠난다는 것은 박물관 하나가 불에 탄 것과 같다"라는 말이 있습니다. 사회적으로 성공했든 실패를 했든지 그가 인생을 살면서 했던 경험들은 누군가에게 훌륭한 교훈이 될 수 있습니다. 누구에게나 자신만의 소중한 체험이 있고 그것이 남에게 유익한 훌륭한 콘텐츠가 될 수 있습니다.

인생은 자신을 태워 주변을 밝혀주는 촛불과 같습니다. 자신의 감정과 열정을 태워 누군가에게 유익을 주려고 할 때 우리의 창조성은 깨어나게 됩니다. 우리의 근원적인 행복은 편안함에서 오는 게 아니라 자신의 한계를 뛰어넘는 창조성의 발현에 달려 있습니다. 창조성 자체가 인간의 목적이라는 것을 이해하는 것이 중요합니다.

창조성은 문제 해결을 위한 수단이 아니라
그 자체가 목적이다.

우리가 착각하고 있는 것 중 하나는 창조성을 문제 해결을 위한 수단이라고 생각하는 것입니다. 여기서 발상의 전환이 필요합니다. 창조성은 우리의 의식과 관련이 있고, 문제 해결은 현실적인 차원입니다. 행복은 의식의 상태이기에 창조성이 더 직접적인 행복의 원인입니다.

우리가 학교에서 교육을 받는 것은 지식을 채우기 위함이 아니라 창조성을 일깨우기 위한 수단이 되어야 합니다. 우리가 종교를 믿는 것도 창조성을 일깨우기 위한 수단이어야 합니다. 창조성이 곧 신성이고, 우리 본성의 존재 방식이기 때문입니다. 신의 가장 중요한 속성은 만물을 창조한 예술가라는 점입니다. 자식을 낳아봐야 부모의 마음을 이해할 수 있듯이, 우리가 창조적이지 않으면서 창조주를 이해하는 것은 불가능합니다.

우리가 돈을 벌고 명예를 얻는 것 역시 자신의 창조성을 깨우기 위한 수단이어야 합니다. 4차 산업혁명과 문화의 시대에는 창조성을 발휘할 수 있는 직업이 좋은 직업입니다. 인간은 누구나 창조적일 때 재미를 느끼고 관습적일 때 지루함을 느끼도록 설계되어 있습니다. 창조력의 증진이야말로 행복한 삶을 원하는 모든 인간이 궁극적으로 추구해야 할 목적이라고 할 수 있습니다.

창조의 비밀을 푸는
열쇠

•
○

우리가 창조적 인간이 되고자 한다면, 먼저 창조의 원리와 메커니즘을 이해해야 합니다. 창조는 우리가 필요로 하는 무언가를 자유롭게 만들고 현실의 문제를 해결할 수 있는 정신 활동입니다. 우리가 얼마나 창조적인 인간인지를 확인하려면 우리가 하는 행동을 잘 관찰해보면 알 수 있습니다. 매일 거의 동일한 패턴을 반복하며 살고 있다면, 그만큼 비창조적으로 산다는 증거입니다. 그럴 때 나타나는 증상은 삶이 재미가 없고 지루하게 느껴집니다. 관습적 형식에 얽매일수록 비창조적인 삶을 살게 됩니다.

관습적 형식은 필요하면서도
독이 되는 항생제와 같다.

인간에게 관습적 형식은 세균 감염을 치료하는 데 사용되는 항생제와 같습니다. 항생제는 병을 치료해주지만 한편으로는 인체의 면역력을 약화시키는 부작용이 있습니다. 관습적 형식도 사회 적응을 위해서는 필요하지만, 자칫 형식에 갇힘으로써 본질을 잃어버리게 합니다.

예를 들어 관습적으로 내려오는 제사의 형식은 부모를 공경하고 이상적인 사회 질서를 유지하기 위해 만들어진 것이지만, 형식에 얽매이면 본질을 상실하고 부작용이 일어납니다. 그래서 오히려 제사 문제 때문에 가정 불화와 형제간 다툼이 일어나기도 합니다. 관습적 형식은 본질을 위한 수단으로 만들어지지만, 거기에 종속되면 자유를 잃어버리고 노예적 인간으로 전락하게 됩니다.

창조성을 생명으로 하는 예술에서도 본질을 상실하고 관습적 형식에만 골몰하면 추하게 변해버립니다. 우리의 모든 문제는 사실상 습관이 굳어서 생기는 것입니다. 그래서 칸트는 "습관은 생각 없이 동일한 행위를 반복하는 것이기에 인간에게서 자유를 빼앗고 인간을 동물과 같이 만든다"라고 경계했습니다.

불교에서도 습관이 만들어지는 것을 '훈습熏習'이라 하여 경계했습니다. 훈습은 담배나 향을 피우면 냄새가 옷에 배는 것 같이 습관이 고착되는 것입니다. 인간의 마음도 순수한 진여眞如, 즉 때 묻지 않은 본성이 비진리인 무명無明의 영향을 받으면 망념으로 물들게 됩니다. '무명훈습'은 탐욕과 분노와 어리석음으로 물든 오염된 나입니다.

동양사상이나 양자역학에서 본질적 이데아의 상태는 항상 진동하고 운동하며 파동으로 작용하고 있습니다. 그런데 이것이 관습적 형식으로 굳어지면 진동이 약해져서 생명력이 저하됩니다. 창조는 무에서 유를 만드는 게 아니라 굳어진 관습(습관)적 형식을 자유롭게 하여 본래의 진동과 주파수를 회복하는 것입니다. 이것은 본질적 이데아와 관습적 형식 사이에 벌어진 틈을 좁히는 행위입니다.

'창조' = '본질적 이데아' – '관습적 형식'

이것이 창조의 공식입니다. 우리가 무언가를 창조하고자 원한다면 '본질적 이데아'와 '관습적 형식' 사이의 틈을 파고들어야 합니다. 관습적 형식의 문제를 파악하고 있어도 본질적 이데아를 감지하지 못하면, 창조의 방향에 문제가 생깁니다. 모든 창조가 다 의미가 있는 것은 아닙니다. 창조가 의미 있는 것은 본질적 이데아에 가까워졌을 때입니다. 또 본질적 이데아를 파악했으나 관습적 형식의 문제를 몰라도 창조의 방향이 정확하지 않을 수 있습니다. 관습적 형식은 비록 문제를 안고 있지만, 어떤 필요를 충족시키고 있기에 그 장점과 한계를 알아야 창조의 방향을 정확히 잡을 수 있습니다.

가령 새로운 스마트폰을 만들려면 우선 기존에 나온 스마트폰의 장단점을 먼저 파악하고 스마트폰이 인간에게 왜 필요한지 본질적 이유를 인식해야 합니다. 만약 이러한 본질 파악이 잘못된다면 쓸데없는 기능들을 추가하여 가격만 올려놓을 것입니다. 그리고 다른 회사의 기존 제품과 중복되지 않으려면 관습적 형식에 대한 철저한 분석이 필요합니다.

예술의 창조도 이 같은 원리에 의해서 이루어집니다. 예술가는 예술의 본질에 대한 자신의 가치관과 관습적 형식에 대한 문제의식이 있어야 합니다. 예술가들이 창작에 실패하는 이유는 대개 자신의 예술관이 정립되어 있지 않거나 기존 예술의 관습적 형식에 대한 문제의식이 없기 때문입니다. 관습적 형식에 대한 문제의식은 예술사에 대한 이해와 장단점을 분석하는 것입니다.

관습적 형식은 학습을 통해서 어느 정도 파악이 가능하다면, 본질적 이데아는 철학적 사유가 필요합니다. 굳어진 관습적 형식을 파악하고 철학적 사유를 통해 본질적 이데아를 직관하게 하는 건 바로 우리의 '의식'입니다. 의식은 창조를 가능하게 하는 주체입니다. 의식이 깨어있지 않는 사람은 창조적이지 못하고 관습대로 살 수밖에 없습니다.

'의식'은 관습적 형식과 본질적 이데아 사이의
벌어진 간격을 좁혀주는 창조의 주체다.

따라서 의식의 메커니즘을 이해하는 것은 창조의 원리와 비밀을 푸는데 중요한 일입니다. 우리가 자기 자신이나 외부 사물을 알아차리고 인식하는 건 전적으로 의식 덕분입니다. 만약 의식이 없으면 우리는 아무것도 알 수가 없고, 생각하거나 감정이나 감각을 느끼는 일도 불가능합니다. 의식이 없는 깊은 수면 상태나 식물인간이 되면 호흡도 하고 살아 있지만, 고차원적인 정신 활동이 불가능합니다.

의식은 만질 수도 없고, 볼 수도 없기에 그것이 어떻게 작용하는지 증명하기 어려운 신비의 영역입니다. 고대 그리스인들은 의식이 심장에 있다고 생각했고, 마야인들은 간에 있다고 믿었습니다. 또 철학자 데카르트는 의식이 뇌 가운데 부분에 있는 작은 원뿔 모양의 송과선에 있다고 생각했습니다. 신비주의자들은 송과선을 제3의 눈이라고 하여 영적인 세계와 교류하는 곳으로 간주하기도 합니다.

뇌에서 멜라토닌 호르몬을 분비한다고 알려진 '송과선pineal gland'은 마치 정묘한 우주의 파동을 수신하여 전기 에너지로 변화시켜 주는 태양력발전소 같은 곳입니다. 의식은 여기에서 생성되는 전기에너지 같은 것입니다. 아무리 좋은 기능이 있는 전기 제품도 전력이 공급되지 않으면 쓸 수가 없습니다.

한국인들은 의식의 태양력발전소를 '얼'이라고 불러왔습니다. 얼이 나간 '얼간이'나 얼이 썩은 '어리석은' 사람은 이 전력 공급이 원활하지 못하기에 창조적인 제 기능을 발휘할 수 없습니다. 여기서 생성된 전기에너지가 '시상視床'이라는 문을 통해 대뇌피질에 공급되면 대뇌에 설치된 소프트웨어들이 작동하면서 감각 작용과 정신작용이 일어나게 됩니다. 여기서 보내지는 전력량이 풍부하면 완전한 각성 상태로 깨어있게 되고, 전력량이 부족하면 주의력이 흐트러진 흐리멍덩한 상태가 되는 것입니다.

전력 공급이 완전히 차단되면 무의식 상태가 됩니다. 그러나 우리는 무의식 상태에서도 관습적 형식을 통해 생활할 수 있습니다. 이것은 관습적 형식이 우리에게 주는 혜택입니다. 거의 의식하지 않아도 우리는 습관에 의해서 생활할 수 있습니다. 이것은 어떻게 보면 최소 전력으로 생활하는 것이기에 경제적이라고도 할 수 있습니다. 그러나 이러한 전력량으로 창조적인 일을 하는 것은 불가능합니다. 겨우 습관대로 살 뿐입니다.

우리에게 관습적 형식이 필요한 것은 의식의 경제성 때문입니다. 관습은 어떤 일을 최소 전력으로 처리하게 합니다. 그런데 어떤 사람은 여기서 아낀 전력을 과거에 대한 불필요한 후회나 미래에 대한 걱정, 이루어질 수 없는 집착과 망상으로 다 허비하기도 합니다. 이것은 아무도 없는 빈집에 에어컨을 켜놓은 것처럼 불필요한 전력 낭비입니다. 에너지를 절약하는 것도 필요하지만 더 중요한 것은 전력량을 충분히 공급하는 것입니다. 그래야 창조에 필요한 의식을 사용할 수 있기 때문입니다.

창조에 필요한 의식은
각성과 몰입 상태에서 충전된다.

창조적인 삶을 위해서는 태양력발전소에서의 충분한 전력 공급이 무엇보다도 중요합니다. 그리고 이것은 의식의 각성 상태에서 한 대상에 깊이 몰입할 때 이루어집니다. 근육을 사용할수록 발달하는 것과 같이 의식도 몰입 시간이 늘어날수록 전력 공급량이 늘어나게 됩니다.

의식은 객관적인 관찰이 불가능하기에 과거에는 신비한 종교의 영역이었지만, 최근에는 뇌과학의 발달로 의식이 대뇌피질과 깊은 관련이 있음이 밝혀지고 있습니다. 뇌과학자들은 대뇌의 앞쪽에 위치하여 생각과 계획, 언어 작용을 관장하는 전두엽이 두정엽, 후두엽, 측두엽과 신경망을 형성하여 의식을 관장하는 것으로 봅니다. 대뇌피질 아래 묻혀 있는 시상은 대뇌피질에 어떤 신호를 보낼 것인지를 결정하고 의식의 수준을 조절하는 역할을 합니다. 실제로 이곳이 손상을 입으면 의식을 잃고 혼수상태에 빠지게 됩니다.

우리는 대상과 접속하여 우주 에너지를 수신하고 전력을 생산할 수 있습니다. 이 상태가 얼이 깨어 있는 각성 상태입니다. 각성 상태에서는 의식의 충전이 이루어지면서 행동하기에 항상 창조적인 행동이 가능합니다. 그래서 예수는 "항상 깨어 있으라"라고 말한 것입니다. 깨어 있다는 것은 잠을 자지 말라는 의미가 아니라 관습적으로 행동하지 말고 항상 지금 여기의 각성 상태로 행동하라는 것입니다.

불교에서는 이러한 각성 상태를 '위파사나Vipassanā'라고 합니다. 이것은 석가모니가 궁극적인 깨달음을 얻은 수행법으로 알려져 있는데, 끊임없이 변화하며 생성, 소멸하는 대상을 있는 그대로 관찰하는 방법입니다. 예를 들어 호흡을 대상으로 삼는 경우, 호흡은 과거도 미래도 아니라 지금 여기 현재에 일어나고 있는 찰나의 사건입니다. 이처럼 생멸하는 호흡에 몰입하는 것만으로 의식의 충전이 이루어집니다. 각성의 핵심은 우리 의식이 과거나 미래를 떠돌며 망상을 일으키지 않고 지금 여기 찰나의 순간을 관조하는 것입니다.

일상생활을 영위하면서도 하나의 대상에 마음을 집중하여 감각하면 됩니다. 망상이 떠오르면 망상에 집중하고 분노가 생기면 그것이 생멸하는 과정을 끊임없이 지켜보는 것입니다. 어떤 동작을 할 때도 섬세하게 자각하면서 움직임에 집중하면 됩니다. 그러면 과거도 미래도 없는 찰나의 현재에서 영원한 생명 에너지가 충전되어 창조적인 의식 상태가 됩니다.

이처럼 깨어있는 상태를 방해하는 것은 과거의 불쾌한 기억과 미래에 대한 걱정입니다. 정신분석학적으로 보면 과거의 불쾌한 사건이 트라우마로 무의식에 저장되면, 그것이 현재 의식의 전파를 방해하고 잡념과 망상을 일으킵니다. 불교에서는 전생에 악업을 지었거나 남을 시기 질투하고 중상모략하게 되면 업장이 생겨 그것이 아뢰야식(무의식)에 저장되어 우리의 생각과 행동을 지배한다고 봅니다. 그래서 업장이 두터운 사람은 그것이 다 녹을 때까지 참회하고 수행을 해야 합니다.

의식을 청소하는
'판단중지'의 비법: 현상학

○

서양에서 의식을 철학의 대상으로 삼은 것은 20세기 전후 대륙 철학을 지배한 '현상학phenomenology'입니다. 현상학은 외부 세계에 관한 객관적 연구만을 존중하는 19세기 실증주의 과학에 대한 반발로 등장했습니다. 'phenomenon'은 어원적으로 "빛에 의해 나타난 것"이라는 의미가 있습니다. 의식은 물질이 아니라 진동하는 파동 에너지이고 빛과 같은 것입니다. 현상학은 철학의 주제를 과거처럼 외부 대상이나 지식의 내용을 연구하는 게 아니라 인간 내부의 의식으로 전환하였다는 데 의의가 있습니다.

그래서 현상학에서는 자료보다는 자신에게 충격을 주는 인상적이고 낯선 마주침을 중시합니다. 현상학의 창시자로 불리는 후설Edmund Husserl은 의식은 마음속에 있는 게 아니라 하나의 실체이건 상상적 허구이든지 간에 무언가를 지향하는 동적인 과정이라고 봅니다. 그래서 현상학은 어떤 것도 당연히 여기지 않고, 모든 걸 회의하고 의심합니다.

그러나 현상학적 회의는 데카르트적 회의와 좀 성격이 다릅니다. 데카르트는 코기토로서의 의식과 대상을 이분법적으로 분리하여 생각했다면, 후설은 의식과 대상을 분리하지 않습니다. 후설은 현상학적 사유로 그동안 객관적인 실체라고 여겨왔던 합리론의 오류를 지적하고 플라톤 이후 서양철학을 지배했던 이성 중심적 형이상학의 체계를 송두리째 바꾸어 놓았습니다.

후설 현상학의 주요 개념인 '지향성Intentionality'은 스승 브렌타노Franz Brentano의 영향입니다. 독일의 철학자이자 심리학자인 브렌타노는 로마 가톨릭의 사제와 뷔르츠부르크대학의 교수를 지냈으나 교황의 무오류성의 교리에 의심이 깊어져 사제직과 교직을 포기하고 심리학을 통해 철학의 기초를 세우고자 했습니다. 그는 심리에서 일어나는 표상, 판단, 사랑, 증오, 욕구 등의 현상은 모두 "어떤 것에 대한 의식"이라고 생각했습니다. 대상은 의식이 지향하는 한 존재하고, 의식에서 떠오르는 현상만이 명증하고 직접적인 확실성이 있다는 것입니다. 이는 외부에 뭔가 객관적인 대상이 있다는 것을 부정하는 것은 아니지만, 의식이 직접 경험하는 현상에 확실성을 부여한 것입니다.

이러한 브렌타노의 철학은 그가 오스트리아 빈 대학교에서 강의할 때 그의 수강생이었던 프로이트, 슈툼프, 후설 등에게 큰 영향을 주었습니다. 후설은 브렌타노의 지향성 개념을 철학적으로 계승하여 의식 연구로 나아가 현상학을 창시했고, 프로이트는 심리학적으로 계승하여 무의식 연구로 나아가 정신분석을 창시하게 됩니다. 그리고 이들의 의식과 무의식 연구는 다시 하이데거에 의해 존재론으로 종합되고 실존주의 철학으로 나아가 현대 철학의 주요 흐름을 이루게 됩니다.

브렌타노의 '지향성' 개념을 받아들인 후설은 세계를 수학적으로 정밀하게 측정하여 이해하려는 실증적 태도가 엄밀한 방법이 될 수는 없다고 봅니다. 그는 모든 학문은 고유한 탐구 영역이 있으며 철학은 모든 학문의 보편적 토대로서, 과학이 결여하고 있는 학문의 절대적 정초를 수행하기 위해 "사태 그 자체로" 돌아가 본질을 직관해야 한다고 주장합니다.

"의식은 대상과 독립하여 존재하는 게 아니라
대상을 지향하여 적극적으로 대상의 의미를 구성한다."(후설)

가령 여기에 한 그루의 나무가 있다고 가정하면, 과학적 태도로 나무를 관찰하는 것과 예술적 태도로 바라보는 것은 전혀 다른 의미를 만들어냅니다. 또 나무를 종교적 관점에서 신앙의 대상으로 생각할 수도 있고, 동양화의 사군자처럼 도덕적 의미로 해석할 수도 있을 것입니다.

이처럼 의식의 지향성에 따라 다양한 의미를 구성하기에 후설은 갈릴레이 이후 근대 학문이 수학이나 물리학적으로 검증 가능한 것만 진리로 간주한 실증주의를 비판했습니다. 의식과 대상 사이의 '지향적 관계'를 망각하고 의식이 취하는 하나의 태도를 절대시하여 각 영역의 고유성을 무시했다는 것입니다. 이것은 수학적인 정밀성이 학문적으로 엄밀한 방법이 될 수는 없다는 것을 의미합니다. 왜냐면 예술이나 종교, 도덕의 세계는 수학적 정밀함으로 접근하는 것이 아니기 때문입니다. '엄밀함'이란 각자의 영역에 적합한 인식의 원리에 따라 접근하는 것입니다.

후설은 그러한 선입견을 제거하기 위해 우리에게 다양한 방식으로 나타나는 "사태 자체로" '현상학적 환원'이 필요하다고 봅니다. 여기서 '사태'는 아무 선입견 없이 '판단중지' 상태에서 의식이 대상을 경험하는 것입니다. 그렇게 중립적으로 대상을 바라보면, 그 경험이 의식과 독립한 초월적 실재가 아니라 '내재적 실재'가 됩니다.

우리는 항상 우리 의식이 지향하는 방식으로 대상을 바라보고 의미를 만들어냅니다. 직업에 따라 혹은 관점이나 관심에 따라 대상을 지향하기에 우리가 생각하는 의미는 항상 주관적입니다. 그런데 사람들은 대부분 자기의 생각이 하나의 관점일 뿐이라는 사실을 잘 인정하지 않습니다. 모든 사회적 갈등은 여기에서 시작됩니다.

**모든 갈등은 자신의 특정한 관점이
보편적이라는 믿음에서 비롯된다.**

진보적 좌파의 관점에서 보는 정의와 보수적 우파의 관점에서 보는 정의는 일치하지 않습니다. 그런데 이것을 하나의 관점으로 통일하려고 하면 전체주의 독재가 됩니다. 우리가 객관적이라고 생각하는 과학도 하나의 관점일 뿐입니다. 토마스 쿤은 『과학혁명의 구조』에서 과학의 발전도 점진적으로 이루어지는 게 아니라 패러다임의 교체에 따라 혁명적으로 이루어진다고 주장합니다. 관점은 필요하지만, 주관적인 관점을 절대적이라고 생각할 때 폭력이 될 수 있습니다.

밀가루로 짜장면을 만들 수 있어도
짜장면으로 빵을 만들 수는 없다.

우리가 확신하고 있는 지식과 관념은 불로 구워낸 요리와 같습니다. 밀가루가 순수의식이라면, 짜장면은 의식의 불로 요리한 음식에 비유할 수 있습니다. 만약 우리가 스파게티나 빵을 만들고자 한다면 새로운 밀가루로 만들어야지 짜장면으로 만들 수는 없습니다. 우리 의식이 항상 과거의 경험과 접속되어 판단이 이루어진다면 짜장면으로 빵을 만들려는 것과 같습니다. 의식을 밀가루 상태로 환원하는 것이 사태 자체이고, 그것을 '현상학적 판단중지'라고 합니다.

의식의 '의意'는 '소리音'와 '마음心'으로 이루어져 있습니다. '마음의 소리'인 파동이 대상의 특정 주파수와 공명하면 '식識'이 생기는데, 그때 느껴지는 맛이 '의미意味'입니다.

현상학에서는 대상의 질료적 상태에서 의미를 구성하는 의식 작용을 '노에시스Noesis'라 하고, 이에 따라 형성된 대상을 '노에마Noema'라고 합니다. 의식 작용인 노에시스와 의식 대상인 노에마는 분리할 수 없으며, 우리가 지향한 노에마는 물자체로서의 대상과 일치하지 않습니다. 칸트의 주장대로 우리는 대상을 주관으로 구성해서 인식하기 때문입니다.

나의 의식은 노에시스를 통해 노에마를 만들고, 이 의미를 매개로 대상과 관계합니다. 노에마는 노에시스가 감각 자료에 의미를 단편적으로 구성하여 만든 지식이고, 이 지식은 실재 대상의 한 단면일 뿐입니다. 개미가 코끼리에 붙어서 보면 전체를 못 보고 부분만 봅니다. 그것도 틀린 것은 아니지만, 그것이 전부라고 주장하면 억견doxa이 됩니다.

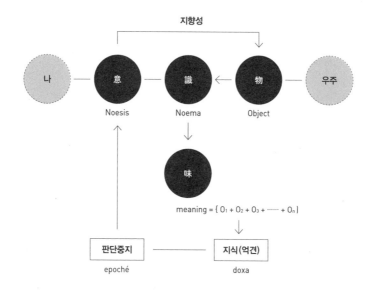

의식의 작용과 충전 메커니즘

노에시스가 땅속에서 끓고 있는 마그마 같은 것이라면 지식은 마그마가 분출되어 굳은 암석과 같습니다. 이처럼 굳은 지식이 우리의 관념과 편견을 만들어 많은 문제를 일으킵니다. 관념과 편견이 우리를 지배하게 되면 의식의 충전이 이루어지지 않기에 의식이 어두워집니다.

따라서 이러한 관념과 편견을 제거하기 위해서는 현상학적 '판단중지epoché'가 필요합니다. 이것은 우리가 상식적으로 존재하고 안다고 생각하는 일반적 정립을 '괄호치기'하는 것입니다. 희랍어로 판단중지 혹은 멈춤을 의미하는 에포케를 한국말로 하면 '몰라'입니다. 이것은 아무것도 모르는 어린아이가 세상을 처음 보는 것처럼 모든 판단을 내려놓고 세상을 경험하는 것입니다.

현상학적 환원 = 선험적(초월적) 환원 + 형상적(본질적) 환원

자연적 태도를 중성화하여 경험을 선험적인 순수의식으로 환원하는 것을 현상학에서는 '선험적 환원' 혹은 '초월적 환원'이라고 합니다. 그러면 편견에 가로막혀 있던 대상에 관한 노에시스가 다시 활성화되어 대상에서 경험적 사실에서 얻은 우연성을 제거하고 본질적 이데아를 직관하게 되는데, 이것을 '형상적 환원' 혹은 '본질적 환원'이라고 합니다. 의식이 대상을 관습적으로 보면, 노에시스가 대상을 지향하지 못하고 다른 대상이 떠오르게 되는데, 이것이 잡념과 망상입니다.

인상주의 화가 모네는 대상에 관한 선입견에서 벗어나기 위해

"장님이 눈을 처음 떠서 세상을 보는 것처럼" 바라보고자 했습니다. 이것은 백지처럼 '멍 때림' 상태로 대상을 바라보는 것입니다. 그래서 그는 물체의 고유색이 있다는 관습적 편견에서 벗어나 빛의 파장에 따라 매 순간 변하는 색을 포착할 수 있었습니다. 이것은 자연에 대한 일반적 정립을 판단중지하고 노에시스의 작용을 활성화시킨 것입니다. 그러면 익숙한 것이 낯설게 보이면서 새로운 대상의 의미들을 생성하게 됩니다. 모네는 이러한 현상학적 기술記述로 몰입할 수 있었고, 관습적 형식에서 벗어날 수 있었습니다.

대상을 의식한다는 것은 사랑하는 것이고, 창조는 사랑의 결과물이다.

우리가 어떤 대상을 의식한다는 것은 나와 대상이 물아일체로 하나 되는 순간이기에 의식한다는 것은 곧 사랑한다는 것입니다. 사랑은 우리의 의식이 대상에 대한 "판단 없는 호기심"을 지속하는 것입니다. 우리는 대상에 관한 판단을 내리는 순간 호기심이 사라집니다. 그러면 대상에 대한 공경이 사라지고 무시하게 됩니다. 대상에 대한 공경은 진리 탐구에서 가장 중요한 태도입니다.

그래서 주자는 "학자의 공부는 오직 '거경居敬'과 '궁리窮理'에 있다"라고 한 것입니다. 거경은 "마음을 집중시켜 잡념을 없애는 상태"이며 항상 깨어있는 상태를 말합니다. 깨어있다는 것은 곧 의식하는 것이고, 의식한다는 건 곧 사랑하는 것입니다. 모든 창조는 이 사랑의 결과물입니다. 부모의 사랑에 의해서 자식이 탄생하듯이, 모든 창조는 나와 대상이 물아일체된 사랑을 통해서 이루어집니다.

대상을 분별없는 호기심으로 깊이 사랑하게 되면 나의 개성과 대상의 본질이 뒤섞인 창조물이 나오게 됩니다. 그런 과정 없이 창조하려는 것은 사랑 없이 아이를 낳으려는 것과 같습니다. 그러므로 우리가 창조적으로 살아간다는 것은 무언가를 뜨겁게 사랑한다는 의미입니다.

모든 고통은 의식의 요청이고,
충분한 의식이 이루어지면 해소될 수 있다.

반대로 모든 문제는 사랑의 결핍에서 비롯됩니다. 사랑하지 않는다는 건 의식하지 않는 것입니다. 관습적 형식으로 인해 의식하지 않게 되면 무의식화가 진행됩니다. 육체의 고통이든, 마음의 고통이든, 정신적 고통이든, 사회적 고통이든, 모든 고통은 대상에 대한 무의식화가 진행되면서 생긴 불쾌감입니다. 따라서 고통이 있다는 건 의식과 사랑이 필요하다는 신호입니다. 모든 고통은 의식의 요청이기에 피하지 않고 충분한 의식이 이루어지면 해소될 수 있습니다.

판단 없는 호기심으로
의식 충전하기: 참선

·
○

서양철학에서 현상학이 의식의 작용 메커니즘을 철학적으로
규명하고 현상학적 판단중지로 순수의식에 도달하고자 했다면,
동양에서는 참선과 명상을 통해 실천적으로 의식을 정화하고 충
전하고자 했습니다. 현상학과 참선의 공통점은 언어로 전해져 내
려오는 자료를 중시하지 않고 곧바로 순수의식의 체험을 통해 본
질에 도달하고자 했다는 점입니다.

대승불교의 한 종파인 선종의 수행 방법인 참선은 경전이나 교
설을 중시한 교종과 달리 '불립문자不立文字'를 통해 본성을 직관하
고자 합니다. 참선은 "선禪에 든다"라는 뜻인데, '선'의 의미는 시
대마다 약간씩 변해왔습니다.

초기 불교에서 선은 하나의 대상에 주의를 집중해서 번뇌 망
상이 사라진 "고요한 마음", 즉 'contemplation'의 의미였습니다.
번뇌 망상을 현상학적으로 설명하면, 노에시스 없는 노에마들이

편견과 집착으로 굳어져 의식이 어두워진 무명無明의 상태입니다. 이 상태에서는 의식의 전력량이 부족하기에 고통이 생길 수밖에 없습니다. 이때 한 대상에 집중하여 몰입하면 의식 작용, 즉 노에시스가 활성화되면서 의식의 충전이 이루어집니다. 이 삼매의 상태가 선정禪定이며, 잡다한 망상을 그치게 하는 것이기에 '사마타samatha: 止'라고 합니다.

이러한 '선'의 의미는 후에 대승불교에서 약간의 변화가 생깁니다. 대승불교는 자신의 구원을 목표로 하는 소승과 달리 중생을 구제하겠다는 자비심을 현실에서 구현하고자 합니다. 그래서 이들에게는 소용돌이치는 삶 가운데 지혜로운 행동이 요청되었습니다. 그래서 여러 가지 현상들을 관조함으로써 통찰력을 얻고자 했는데, 이것을 '위파사나Vipassanā, 觀'라고 합니다.

사마타가 '집중定'을 목표로 한다면, 위파사나는 지혜의 문을 열기 위한 것입니다. 불교의 대표적 이 두 수행법을 '지관止觀'이라고 하고, 이를 통해 의식을 각성시켜 지혜를 얻고자 했습니다. 사마타를 통해 잡념과 망상이 가라앉으면, 궁극적인 실재를 관조하는 위파사나를 통해 본질을 직관하는 것입니다.

한편 선종에서는 '선'의 의미를 '본성'으로 보기도 합니다. 인도의 달마로부터 시작된 선종이 중국에 전파되어 직관적 사유에 익숙한 중국식으로 변모하는 과정에서 화두 수행이 유행하게 됩니다. 이처럼 화두를 들고 수행하는 참선법을 '간화선看話禪'이라고 하는데, 이는 화두가 뜻하는 바를 추구한다는 의미입니다. 중국 간화선을 집대성한 송대의 대혜大慧는 화두 없이 모든 생각을 끊는 묵조선의 수행법이 고요함의 마귀 굴속에 빠지기 쉽다고 비판하며 간화선을 주창합니다.

간화선의 모범은 당대 말기의 조주趙州의 '무자無字'화두입니다. 이는 어떤 젊은 수행승이 개를 안고 와서 조주 선사에게 "개에게도 불성이 있습니까?"라고 질문하자, "없다無"라고 대답했다는 일화에서 기인합니다. 석가모니는 항상 중생들에게 "일체중생에게는 불성이 있다"라고 말씀하셨는데 조주는 왜 "없다"라고 대답했을까요. 이는 지식에 관한 판단을 중지시키고 의식을 스승의 마음을 지향하게 한 것입니다. 우리가 팔만대장경을 다 암기한다고 해도 석가모니의 마음과 이심전심 되는 것에는 미치지 못할 것입니다. 대혜는 제자들에게 망념이 일어날 때 오로지 이 '무'라는 글자를 떠올리라고 가르쳤습니다. 이것은 현상학에서처럼 일체의 지식을 판단중지하는 것입니다.

"부처는 마른 똥 막대기다"(운문)

송나라 때 승려 운문雲門은 어느 날 그를 찾아온 사람이 "무엇이 부처입니까"라고 묻자 그는 갑자기 "마른 똥 막대기다"라고 대답했습니다. 부처가 뒷간에 두고 똥을 퍼내거나 저을 때 쓰는 똥 막대기라니요. 이것은 질문자의 기대와 다른 너무 황당한 대답이었습니다. 순간 질문자는 부처에 대한 자신의 관념을 판단중지하게 될 것입니다.

이 선문답에서 삼라만상에 모두 불성이 있기에 똥 막대기에도 불성이 있다는 의미로 해석할 수도 있지만, 화두의 목적은 질문자를 판단 없는 멍한 상태로 만드는 것입니다. 사실 어떠한 언어로 부처를 설명할 길이 없습니다. 설명한다고 해도 그것이 또 다른 선입견을 만들 것입니다. 손가락으로 달을 가리키면 곧바로 달의 본질을 직관해야 하는데 손가락에 주목하다 보면 엉뚱한 논리에 빠지게 됩니다. 화두는 그때 손가락을 치워버림으로써 논리가 아니라 직관으로 본질을 사유하게 하는 방법입니다. 이것은 설명이 아니라 해체의 방식이고, 지성적인 노력이 아니라 지성을 내려놓게 하려는 노력입니다.

화두는 "판단 없는 호기심"으로
의식을 충전하고 본질을 깨닫게 한다.

화두 수행의 목표는 고정관념으로 굳어진 의식을 "판단 없는 호기심"의 상태로 활성화시키는 것입니다. 호기심을 불러일으키지 않는 화두는 효과가 없습니다. 대상에 대한 호기심은 의식의 지향 작용을 자극하여 대상과 공명을 통해 충전되게 합니다.

이러한 호기심을 자극하는 목적으로 가장 많이 사용하는 화두는 "이 뭐꼬"입니다. 이는 "이게 뭐지?"라는 의미로 사용하는 경상도 사투리입니다. 혜능은 자신의 명성을 듣고 찾아온 회양에게 "어떤 물건이 이렇게 왔는가?"하고 물었습니다. 그러자 회양은 순간 당황하여 그 말을 풀지 못해서 자신의 거처로 돌아가 8년간 지극정성으로 몰두하여 마침내 화두를 타파하여 다시 혜능을 찾아가 그의 법통을 이어받았습니다. 이 화두의 의미는 "오고 가고 말하고 몸을 끌고 다니는 주체가 무엇인가"라는 질문이었습니다.

모든 대상에 대해 "이 뭐꼬?"를 화두로 갖고 있으면 우리의 굳은 지식과 고정관념을 내려놓고 "판단 없는 호기심" 상태가 되어 의식의 충전이 이루어집니다. 판단 없는 호기심은 의식을 충전하는 방법입니다. 여기에는 대상을 통하는 유선 충전의 방식과 대상 없이 곧바로 판단중지 상태에 이르는 무선 충전의 방식이 있습니다. 그러나 어떻게 충전하든 결과는 같습니다. 우리는 판단중지하면 아무것도 모르는 바보가 될 것 같아서 두려워합니다. 하지만 의식이 깨끗해지면 바로 본성이 작동하기에 저절로 본질을 깨닫게 되는 것입니다.

인도의 성자 마하리쉬는 "나는 누구인가"를 화두로 삼아 계속 의심해가면서 자신의 본성을 찾고 모든 경전과 철학을 관통하는 깨달음을 얻었습니다. 일단 순수의식이 깨어나면 대상을 왜곡 없이 있는 그대로 보게 됩니다.

한국에 간화선을 전파한 보조국사 지눌은 "공부하는 사람은 모름지기 활구活句를 참구하고 사구死句를 참구하지 말라"라고 했습니다. 활구는 끝없는 호기심을 불러일으키는 말입니다. 관습적으로 사용하여 호기심을 불러일으키지 못하는 말은 사구입니다. 이러한 화두가 사구가 되어 화석처럼 지식으로 굳으면 의식이 어두워져서 창조적 기능을 할 수 없게 됩니다. 창조는 오직 각성된 밝은 의식 상태에서 가능합니다.

"산은 산이요, 물은 물이다" (청원)

중국 당나라의 청원靑原은 "처음엔 남들처럼 산은 산이고 물은 물이라 여겼는데, 공부를 해보니 산이 산이 아니고, 물이 물이 아님을 알게 됐으나, 결국엔 산은 산이고 물은 물이더라"라고 했습니다. 우리나라 성철 스님이 "산은 산이요, 물은 물이다"라고 하여 유명해진 말입니다. 이게 무슨 의미일까요?

청원은 세 차원의 산과 물을 이야기합니다. 처음에 "남들처럼 산은 산이고 물은 물이라 여겼다"라는 말은 의식 밖에 대상이 선재 한다는 자연적 태도로 바라본 상식적인 산과 물입니다. 이는 의식과 대상이 분리되어 있고, 의식이 대상을 있는 그대로 표상한다고 생각하는 관점입니다.

두 번째로 "공부를 해보니 산이 산이 아니고, 물이 물이 아님을 알게 됐다"라는 말은 대상에 관한 '메타인지'가 이루어져서 내가 아는 것이 협소하고 표면적인 지식에 불과하다는 걸 알게 된 단계입니다. 자기가 제대로 모른다는 사실을 아는 것은 모르는 걸 안다고 착각하는 것보다 발전된 단계입니다. 그래서 공자는 앎이란 "아는 걸 안다고 하고 모르는 것을 모른다는 하는 것이다"라고 말했습니다.

세 번째로 다시 "산은 산이고 물은 물이다"라는 말은 지식과 고정관념에 대해 판단중지가 이루어져 순수의식이 아무 선입견 없이 대상을 있는 그대로 보는 단계입니다. 의식이 순수해져서 선험적 환원에 이르면 본질적 이데아를 직관하는 형상적 환원이 동시에 일어납니다. 그러면 나와 대상이 물아일체가 되어 있는 그대로의 산과 물을 보게 됩니다. 그렇게 되면 그동안 평범하게 보아 왔던 대상 자체가 진리의 본체라는 것을 깨닫게 됩니다. 이것이 만법이 '진여眞如'라는 말의 의미입니다.

"너희는 육체를 따라 판단하나
나는 아무도 판단하지 아니한다."(예수)

모든 종교의 핵심은 육체에 종속된 에고의 생각을 판단중지하고 순수의식에 이르는 것입니다. 예수 역시 이 점을 중시했고, 형식적 잣대로 판단하는 바리새인들에게 "너희는 육체를 따라 판단하나 나는 아무도 판단하지 아니하노라."(요 8:15)라고 말했습니다. 육체적 관점에서 예수는 변방에 속한 나사렛의 작은 마구간에서 태어난 평범한 목수의 아들에 불과합니다. 그러한 관점으로는 본질을 직관할 수 없기에 예수는 스스로 판단하지 아니하고 모든 판단을 절대자인 하나님께 맡기라고 설파했습니다.

섣불리 판단한다는 것은 곧 선악과를 따먹는 것입니다. 판단하는 순간 에고가 주인으로 행세하며 순수의식을 억압하고, 의식의 빛이 어두워지면 생명력이 약해져 죽음을 향하게 됩니다. 그래서 창세기에는 하나님이 아담과 하와에게 "선악과를 따먹으면 정령 죽으리라"라고 하신 것입니다. 우리 대뇌의 전두엽이 이분법적으로 선악을 나누고 짧은 지식으로 인위적인 판단을 내리는 순간 세포들은 경직되고 생명력이 약화됩니다. 우리 몸의 세포들은 자연으로서 미세한 생명 작용을 하고 있는데, 전두엽에서 내리는 이분법적 판단은 비자연스러운 인위적 파동으로 세포들의 고유 진동 수를 떨어뜨리고 의식을 오염시키는 원인이 됩니다.

의식의 수준과
창조적 미의식

의식의 수준이 떨어져 어두워지면 생명력이 약해져 감정이 불쾌감에 지배되기에 무언가 하고 싶은 의욕 자체가 없어집니다. 정신과 의사 출신인 데이비드 호킨스 박사는 감정 질환의 원인이 사람들의 신념에 있다는 것을 발견하고, 그것을 치료에 적용하여 큰 성공을 거두었습니다. 그는 피시험자가 수평으로 뻗은 팔의 손목을 두 손가락으로 누르면서 문장을 이야기하도록 하고 반응을 측정하는 근육 테스트를 통해 의식의 수준을 측정했습니다.

이 실험을 통해 그는 피시험자가 불쾌한 상황을 떠올리며 부정적인 생각을 품게 되면 근육의 힘이 줄어들고, 반대로 사랑하는 사람이나 기분 좋은 장면을 떠올리면 근육의 힘이 높아진다는 사실을 발견했습니다. 그는 이러한 방법으로 의식의 에너지를 1에서 1000까지의 밝기로 수치화하여 의식의 지도를 그려 보였습니다. 이러한 그의 연구는 보이지 않는 의식을 신뢰할 수 없는 방법으로 정량화했다는 점에서 유사과학이라는 비판을 받았습니다. 그러나 인간의 다양한 감정 상태를 의식과 관련지어 의식의 데이터베이스를 구축했다는 점에서 흥미로운 연구라고 생각됩니다.

우리나라에 『의식 혁명』이라고 번역된 이 책의 원래 제목은 『Power vs Force』입니다. 'Power'는 밝고 긍정적인 의식 에너지라면, 'Force'는 어둡고 부정적인 의식 에너지입니다. 'Force'는 무의식적 감정의 지배를 받지만, 의식적으로 될수록 'Power'가 향상됩니다.

호킨스는 의식 수준 200을 기준으로 부정 의식과 긍정 의식을 나누고, 전 인류의 15%가 긍정적인 의식 수준에 있고, 85%가 부정적인 의식 수준에 있다고 주장합니다. 의식 수준이 낮을수록 불쾌감이 커서 고통스럽고 높을수록 쾌감이 강해 행복을 느끼게 됩니다. 또 의식의 수준이 높을수록 주변을 밝혀주기에 사람들이 몰리고, 의식 수준이 낮을수록 사리사욕으로 주변 에너지를 빼앗아가기에 사람들이 피하게 됩니다. 그럼 호킨스가 분류한 의식의 수준에 따른 감정 상태를 간략히 살펴보도록 하겠습니다.

20 - 수치심: 죽음에 가까운 위험한 상태로 심한 굴욕감이 느껴져 자신과 타인을 모질게 학대한다. 건강에 치명적이며 신경증과 열등감이 잔인성으로 폭발할 수 있다. 완벽주의적 성격으로 수치심을 보상하고자 하며, 무엇에 사로잡힌 듯이 자신을 몰고 간다.

30 - 죄의식: 자기연민과 자기학대, 심한 피해의식으로 누군가를 벌주고 싶거나 스스로 벌을 받고자 한다. 자기혐오를 타인에

	Lux	의식 수준	감정	행동
POWER 긍정적 의식 에너지	700~1000	**깨달음**	언어 이전	순수의식
	600	**평화**	하나됨	인류 공헌
	540	**기쁨**	감사	축복
	500	**사랑**	존경	공존
	400	**이성**	이해	통찰력
	350	**포용**	책임감	용서
	310	**자발성**	낙관	친절
	250	**중립**	신뢰	유연함
	200	용기	긍정	힘을 주는
FORCE 부정적 의식 에너지	175	**자존심**	경멸	과장
	150	**분노**	미움	공격
	125	**욕망**	갈망	집착
	100	**두려움**	근심	회피
	75	**슬픔**	후회	낙담
	50	**무기력**	절망	포기
	30	**죄의식**	비난	학대
	20	**수치심**	굴욕	잔인함

의식의 수준 (by 데이비드 호킨스)

게 투사하여 누군가를 증오하고, 자살을 감행하기도 한다. 항상 죄의식과 싸우고 죄의식을 부인하기 위해 필사적인 도피를 시도한다.

50 – 무기력: 절망과 자포자기 상태로 현재와 미래가 황폐해 보이고, 인생의 비애가 주제이다. 아무 희망이 없고 남의 도움마저 아무 쓸모가 없이 느껴진다.

75 – 슬픔: 자신이 중요하다고 생각하는 것을 잃었을 때 생기는 무력감과 절망감, 상실감으로 과거를 후회하고 모든 일을 슬픔의

시선으로 바라본다. 소외감과 우울한 감정이 지배하여 하나를 잃어버렸음에도 마치 전부를 잃어버린 것처럼 생각하고 스스로를 자책한다.

100 – 두려움: 곳곳에 위험이 도사리고 있고 세상을 함정으로 가득 찬 장소로 여긴다. 사람을 피하면서도 사람에 대한 소유욕과 질투심이 강하다. 두려움이 행동에 근본적인 동기가 되기도 하지만, 강박관념으로 작용하여 항상 긴장 상태에 있다.

125 – 욕망: 이익과 재물, 향락을 추구하며 외부의 무언가를 얻어 내려는 욕심이 많다. 욕망이 생의 원동력이 되지만, 자신의 행동 동기가 어디에 있는지 인식하지 못하고 소소한 것에 집착하게 된다. 끊임없이 남의 관심을 받고자 하며, 만족을 모르고 하나를 채우면 곧바로 다른 무언가를 채우고자 한다.

150 – 분노: 두려움을 주는 대상을 제압하기 위해 강제력과 협박, 비난을 한다. 충동적으로 화를 잘 내고 불안정하고 과격하여 소소한 일에도 잘 싸우고 소송을 좋아한다. 사회적 부조리와 불평등에 대한 분노는 사회구조를 변혁시키는 원동력이 되기도 한다.

175 – 자존심: 자신의 방식이 최고이고 스스로 남보다 우월하다고 생각한다. 남을 의식하고 남에게 인정받고 싶어 하지만, 비난에 약해 쉽게 수치심으로 떨어질 수 있다. 분열과 파벌주의를 초래하며 오만과 부정으로 의식의 성장을 스스로 차단한다.

200 – 용기: 내면의 잠재력이 나타나기 시작하여 인생을 긍정적으로 생각하고 "할 수 있다"라는 자신감이 있다. 삶에 대한 열정이 있고 독립심이 강하다. 탐구심과 인내력으로 인생을 흥미롭고

도전적으로 생각한다.

250 - 중립: 이분법적 사고에 매이지 않고 이해의 폭이 넓어 비판을 삼가고 사고가 유연하다. 어떤 결과든 허심탄회하게 받아들이고, 자신의 마음대로 되지 않는다고 좌절하지 않는다. 불안해하거나 안달하지 않고 자신의 잠재 능력을 신뢰한다.

310 - 자발성: 마음이 활짝 열려 있어서 천한 일에 수치심을 느끼지 않고, 다른 사람을 도와 사회에 이바지하고자 한다. 내면의 문제에 관심이 많고, 자신의 결점을 기꺼이 바라보며 배움에 장벽이 없다.

350 - 포용: 외부의 어떤 것도 자신을 행복하게 할 수 없고 행복이 마음가짐에 달려 있음을 인지한다. 여유 있고 유연하여 타인과 잘 어울리고, 남을 탓하거나 삶을 탓하지 않는다. 오해나 왜곡 없이 대상을 바라보고 잘잘못을 따지기보다는 문제 해결에 열정적이다.

400 - 이성: 사물의 핵심을 간파하고 감정에 치우치지 않고 빠르고 정확하게 판단한다. 미묘한 관계나 분명한 차이에 대한 이해력이 높고 추상적인 개념과 상징체계를 잘 이해한다. 개념과 이론에 탐닉해서 본질을 못 보고 지식에 그칠 수 있다.

500 - 사랑: 진심으로 남을 배려하고 헌신과 열정으로 남을 위해 산다. 사물을 무관심하게 보고 본연의 가치와 본질을 통찰하여 아름다움에 눈뜨게 된다. 이성으로 따지지 않고도 사물을 파악할 수 있고, 관점을 초월하는 보편성과 창조성으로 예술의 걸작이 나오기도 한다.

540 – 환희: 타인과 하나라고 느끼고 자기 완성과 자존감으로 충만하다. 만물에 연민을 느끼고, 역경에 인내하며, 긍정적인 자세로 많은 사람에게 영향을 준다. 창조의 완전한 아름다움에 눈 뜨게 되어 만물을 조화롭게 보고, 세상의 모든 것에서 신성을 발견한다.

600 – 평화: 존재 자체만으로 완전한 행복을 느끼고 일체성을 경험한다. 주객이 분리되지 않고, 세계를 절묘한 조화와 무한한 가능성, 의미로 가득 찬 진화의 춤을 추는 것으로 이해한다. 위대한 예술작품을 창조하여 시공을 뛰어넘는 영감을 불어넣어 준다.

700~1000 – 깨달음: 순수의식으로 신성과 일체 되어 강렬한 영감으로 모든 인류에게 영향을 주는 끌개 에너지장을 형성한다. 보이지 않는 세계도 순수의식으로 경험하고 에고를 초월한 인간 완성이 어떻게 이루어질 수 있는지를 보여주면서 항상 깨어있는 의식으로 살아간다.

이상의 호킨스가 분류한 의식의 지도를 크게 3등분을 하면 '미의식'과 '일상의식'과 '추의식'으로 나눌 수 있습니다. 일상의식은 보통 우리가 평범한 일상생활을 영위하는 데 필요한 의식 수준으로 125~310 Lux 정도입니다. 125 Lux 이하로 떨어지면 정신적으로 심한 고통을 받는 추의식 상태이고, 310 Lux 이상으로 의식의 밝기가 올라갈수록 정신적 행복을 느끼는 미의식의 상태가 됩니다.

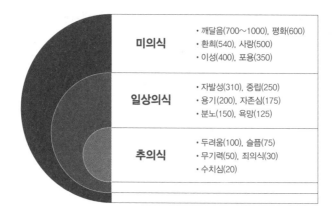

미의식	• 깨달음(700~1000), 평화(600) • 환희(540), 사랑(500) • 이성(400), 포용(350)
일상의식	• 자발성(310), 중립(250) • 용기(200), 자존심(175) • 분노(150), 욕망(125)
추의식	• 두려움(100), 슬픔(75) • 무기력(50), 죄의식(30) • 수치심(20)

미의식, 일상의식, 추의식의 감정상태

일반적으로 추의식 상태에서는 불쾌한 감정에 지배되어 스스로 버티기 힘들기 때문에 긍정적이고 창의적으로 문제 해결을 하기가 어렵습니다. 일상의식 상태에서는 관습에 따라 반복적으로 생활하는 데는 문제가 없지만, 창의적인 일을 하는 데는 한계가 있습니다. 그러나 미의식 상태에서는 전체를 보는 통찰력이 생기고 창의적인 영감이 떠올라 필요한 것을 창조할 수 있습니다. 500 Lux 이상이 되면 자기만의 독창성이 드러나 개성적이면서도 보편성이 있는 예술작품을 창작하게 됩니다.

우리가 창조적인 삶을 살면서 창의적인 결과물을 남기려면 얼마나 미의식의 시간을 늘릴 수 있느냐에 달려 있습니다. 우리가 예술작품에서 감동하는 것도 예술가의 창조적인 미의식입니다. 행복한 삶이란 결국 미의식을 유지하며 사는 것입니다.

질문   항상 미의식의 상태를 유지하면 좋겠지만,
         현실은 우울증에 시달리는 사람이 많은 것 같습니다.
         그 원인이 무엇일까요?

우울증은 대개 트라우마나 강한 스트레스가 악성코드 형식으로 무의
식에 저장되어 고유 진동수를 지속으로 떨어뜨리는 현상입니다. 심한
수치심을 경험하거나 감당하기 어려운 사고를 당하면 우리 뇌의 변연
계에 있는 편도체의 전기적 흥분이 증가하여 부적절한 활성화가 이루
어지면서 불안장애가 일어납니다. 그리고 그러한 불쾌한 감정을 다시
는 겪지 않으려는 마음이 기억을 관장하는 해마에 악성코드의 형식으
로 설치되어버립니다. 컴퓨터에 악성코드가 깔리면 처리 속도를 떨어
뜨리듯이 트라우마는 우리 몸의 고유 진동수를 떨어트리고, 세로토닌
호르몬의 분비를 억제하여 불안하게 만듭니다.
살다 보면 불행한 일도 있고 행복한 일도 있는데, 정신이 건강한 사람
은 그때그때 감정을 생생하게 느낍니다. 그런데 우울증은 부정적이고
불행한 감정이 고착되어 좋은 일이 있을 때도 항상 불안하게 느끼는 것
입니다. 그러면 대개 의식이 20~50 Lux 사이에서 일어나는 감정들을
경험하게 됩니다. 20 Lux 이하로 떨어지면 아주 위험한 상태로 수시로
자살을 생각하고 실제로 자살을 시도하기도 합니다.

질문   우울증을 약물 없이
       미학적으로 완화할 방법이 있나요?

우울증은 불쾌한 감정이 고착되어 저장된 것이기에 그것을 풀어주면
됩니다. 대개 우리는 불행한 사건이 생기면 고통스러운 감정을 피하려
고 억압해버립니다. 그러면 불쾌한 감정이 사라지는 게 아니라 무의식
에 악성코드 형식으로 저장되어 지속으로 불필요한 전력을 잡아먹습니
다. 간단한 스트레스는 바이러스와 같아서 시간이 지나면 저절로 사라
지지만, 깊은 정신적 상처는 잘 지워지지 않습니다.

감정이 고착된 악성코드를 약물 없이 퇴치하는 방법은 불쾌한 감정을
피하지 않고 충분히 느껴주는 것입니다. 감정이란 외부의 자극에 따라
끊임없이 변하는 것이고, 우리는 그것을 느끼고 의식할 수 있습니다.
그러면 감정으로서의 나와 그것을 느끼는 내가 분리됩니다. 이때 감정
으로서의 나를 '에고ego'라고 하고, 그것을 느끼는 나를 '참나true self'라
고 합니다. 에고는 나와 대상을 구분하여 이기적으로 고착된 자아입니
다. 에고가 참나를 지배하면 추의식으로 떨어지지만, 참나가 에고를 지
배하면 미의식으로 변합니다.

우리가 괴로운 것은 괴로운 감정을 진짜 나라고 생각하기 때문입니다.
감정은 바람이 불 때 치는 파도와 같이 외부의 자극에 따라 동요하는
것입니다. 그때 감정이 폭발하면 상대가 다치고, 감정을 억압하면 내가
다칩니다. 감정을 다루는 이상적인 방법은 감정을 섬세하게 주시하고
느껴주는 것입니다. 그렇게 객관적 관조가 이루어지면 격정적 감정의
파도는 아름다운 풍경일 뿐입니다. 그것을 표현하면 예술이 됩니다. 그
것이 약물의 부작용 없이 우울증을 치유하는 미학적 방법입니다.

질문	저는 미의식을 경험한 적이 없는 것 같은데 미의식을 유지하는 방법이 있나요?

나이가 들어 사회생활을 하다 보면 미의식을 경험할 기회가 많이 줄어듭니다. 그것은 살벌하고 험악한 사회에 적응하고 살아남기 위해서 에고가 강해지기 때문입니다. 미의식은 주로 어린 시절에 많이 경험합니다. 친구들과 신나게 놀 때는 나와 남의 경계가 사라지고 시간 가는 줄 모르고 놉니다. 또 아름다운 자연 풍광을 볼 때도 나와 자연의 경계가 사라지기에 미의식이 상승합니다. 우리가 여행을 좋아하는 이유도 여기에 있습니다. 매일 보던 장소만 보면 관습적으로 보게 되어 감각이 작동하지 않지만, 낯선 곳에 가면 감각이 깨어나 의식 작용이 이루어집니다.

훌륭한 문학이나 예술작품을 감상할 때도 섬세한 감각이 열리기에 미의식으로의 고양이 이루어집니다. 또는 누군가를 사랑할 때도 에고가 사라지기에 미의식을 체험하게 됩니다. 그래서 사랑에 빠지면 세상이 아름다워 보이는 것입니다. 우리가 사랑하는 사람을 "자기야!"라고 부르는 것은 이기적인 에고의 경계가 무너졌음을 의미합니다.

살면서 누구나 이러한 미의식을 경험한 적이 있을 것입니다. 어떤 경우든지 간에 핵심은 대상이 사람이든 자연이든 몰입하여 물아일체가 될 때 미의식은 올라간다는 것입니다. 중요한 건 이러한 좋은 기억을 자꾸 떠올려서 기분을 전환하여주는 것입니다. 그러한 상상만으로 우리의 의식의 변화가 일어납니다.

또 매사에 몰입해서 일하고 몰입해서 행동하면 일 자체가 미의식을 충전하는 수단이 될 수 있습니다. 미의식의 경험이 없다는 것은 잡념과 망상 때문에 몰입하지 못한다는 증거입니다. 명상이나 참선, 기도 같은 종교 활동도 미의식을 올려줍니다. 불교는 나를 대상으로 삼고 기독교는 신을 대상으로 삼지만, 핵심은 미의식을 끌어올리는 것이고, 이때 중요한 점은 대상에 몰입하여 하나 되는 것입니다. 이 몰입을 다른 말로 사랑이라고 합니다.

질문   **화두 수행의 원리가**
"판단 없는 호기심"에 있다고 하셨는데,
우리가 생활하려면 판단을 해야
행동할 수 있는 것 아닙니까?

물론 행동을 위한 판단은 필요합니다. 그러나 그 판단이 과거에 만들어진 협소한 지식에 의존한다면 올바른 판단을 내릴 수 없을 것입니다. 왜냐면 과거와 똑같은 상황은 다시 오지 않기 때문입니다. 따라서 우리에게 중요한 것은 항상 지금 상황에 맞는 일회적이고 창의적인 판단입니다. 굳어진 지식에 따른 판단은 본질과 무관한 기계적인 반복일 뿐입니다. 따라서 창의적인 판단을 위해서 본질에 대한 파악이 필요합니다. 판단 없는 호기심은 의식을 충전할 수 있게 하여 창의적인 판단을 가능하게 합니다. 그것을 '지혜'라고 합니다.

지식은 단편적 판단이고 지혜는 종합적 판단입니다. 지식은 얼음처럼 굳어 있지만, 지혜는 물처럼 자유롭습니다. 지식은 이분법적 지성에서 나오는 규정적 판단이지만, 지혜는 본성의 바다에서 나오는 반성적 판단이기 때문입니다. 더 지혜로운 판단을 위해서 판단중지가 필요한 것입니다.

질문   고흐는 미의식이 있는 훌륭한 화가인데
왜 자살을 했을까요?

반 고흐의 인생은 온통 실패의 연속이었습니다. 연속적으로 사랑에 실패하고, 화상 점원으로 일하다가 직장에서 해고당했습니다. 또 목사가 되려고 정열에 사로잡혀 전 재산을 가난한 사람들에게 나눠주었다가 오히려 오해를 받고 선교 활동을 그만두게 됩니다. 빈털터리로 신앙마저 상실한 고흐는 평소 50 Lux 전후의 추의식의 상태에서 병고에 시달리며 생활했습니다. 게다가 너무 가난하여 나흘 동안 아무것도 먹지 못하고 커피만 스물세 잔 마신 적도 있습니다.

그러나 뒤늦게 시작한 그림을 그릴 때는 대상에 대한 몰입이 이루어져 의식이 500 Lux 이상 치솟았습니다. 그는 평생 그림을 한 점밖에 팔지 못했지만, 그런데도 열정적으로 그림을 그릴 수 있었던 이유는 그림을 그릴 때 의식의 고양이 이루어지기 때문입니다. 그는 자신의 작품을 "나를 제정신으로 돌아오게 하는 번개 회초리"라고 불렀습니다. 그에게는 그림만이 자신을 미의식으로 인도하는 유일한 피난처였습니다.

보통 사람의 일상의식이 100~300 Lux 정도 사이를 유지한다면, 고흐는 20~600 Lux 사이를 넘나들었습니다. 이렇게 진폭이 크면 조울증 증세가 심해집니다. 고흐는 그림을 그리면 조증이 되고 평상시에는 울증이 되기에 울증 상태일 때 자칫 극단적인 행동을 할 수 있습니다. 이렇게 의식의 진폭이 너무 크면 정신분열이 일어나게 됩니다. 우리나라 화가 이중섭도 비슷한 경우입니다.

고흐는 그림을 그릴 때 대상과의 몰입을 통해서 의식이 올라갔지만, 일상생활에서는 속수무책으로 떨어졌습니다. 그렇다고 계속 그림만 그릴 수 없기에 일상생활에서도 의식을 끌어올릴 방법이 필요했던 것입니다. 그는 열정적이었지만, 평상시에는 그러한 감정을 주시하지 못했기에 추의식으로 떨어졌습니다. 우리는 일상에서도 자신의 감정을 자연처럼 대상으로 삼아 주시할 수 있습니다. 이러한 방식으로 의식 수준의 평균을 점차 올리는 것이 필요합니다.

질문   **예술가가 아닌 일반인들은 창조적 미의식을**
　　　끌어올리기가 쉽지 않습니다. 어떤 방법이 있을까요?

명상이나 참선을 통해서 미의식을 끌어올릴 수는 있으나 그것을 창조적으로 승화하지 않으면 그냥 행복한 쾌감만 느낄 뿐입니다. 그래서 저는 인생의 목적이 열반이 아니라 창작이라고 생각합니다. 우리가 문제가 많은 사회에 태어났다는 것은 현실에서 해결해야 하는 문제가 있다는 것을 의미합니다. 그래서 홍익인간의 정신으로 남에게 유익한 무언가를 창조하려는 자세가 필요합니다.

그러려면 의식을 충전하는 자기 나름의 방식을 가지고 있어야 합니다. 글도 좋고 그림도 좋고 서예도 좋습니다. 조선 시대 문인들이 시서화를 한 건 전공 삼아 한 게 아니라 자신의 미의식을 충전하기 위한 것이었습니다. 누구나 이처럼 취미로 할 수 있는 예술 하나 정도는 있어야 한다고 생각합니다. 그것은 단지 여가나 취미가 아니라 대상과의 몰입을 통해 의식을 충전하는 창조적 행위입니다. 그렇게 충전된 미의식을 자기 전공에 활용하여 자기 분야에서 창의적으로 문제를 해결하면 되는 것입니다. 이것이 예술이 우리 모두에게 필요한 이유입니다.

5강 ——— 나를
개혁하는
예술의 힘

예술은 우리에게
왜 필요한가

•
○

조선 시대에 시·서·화는 문인들의 필수 교양이었지만 오늘날에는 모든 분야가 전문화되고 세분되면서 예술도 특별한 재능과 감성을 가진 사람들의 전유물이 되었습니다. 학교에서도 예술 교육은 초등학교까지만 활발하고 대학 입시가 다가올수록 유명무실한 과목으로 전락하고 말았습니다. 이처럼 오늘날 예술이 교육의 중심에서 밀려난 것은 예술의 가치와 역할에 대한 이해가 부족하기 때문입니다. 그러나 동물과 다른 인간의 고유성이 창조적 삶에 있다는 점을 인식한다면, 예술은 지금보다 훨씬 중시되어야 할 것입니다.

예술적 창조는 미의식의 산물이라는 점에서 예술과 종교는 지향점이 같다고 할 수 있습니다. 그러나 종교가 의식의 충전을 통한 마음의 정화와 내세에 중점을 둔다면, 예술은 충전된 의식을 현실에서 창조적 삶을 위해 사용한다는 점에서 차이가 있습니다.

과학도 창조성을 필요로 하지만, 과학적 창조가 생활의 유용성과 편리를 위한 것이라면, 예술적 창조는 미세한 감정을 표현하고 굳어진 관념과 편견을 자유롭게 하려고 고안된 문화입니다. 이처럼 종교와 예술과 과학은 각각 역할과 사명이 다르기에 인간의 3대 문화로 내려오고 있는 것입니다.

예술의 역할은 시대마다 그 기능과 역할을 달리해왔습니다. 과거에는 예술이 주술적 목적이나 종교적 교리를 설명하는 수단으로 여겨왔습니다. 또 르네상스 시기에는 과학과 결탁하여 대상을 재현하는 수단으로 인식하였습니다. 그러다가 근대에 들어오면 "예술이란 무엇인가?"라는 본질적 질문을 던지면서 종교나 과학과 다른 예술만의 자율성을 찾기 시작했습니다. 그리고 순수한 형식적 아름다움에서 예술의 자율성을 찾았습니다. 그것을 모더니즘이라고 합니다.

그러나 미를 정의하는 것 역시 쉬운 문제는 아닙니다. 모더니스트들이 추종한 미에 대한 정의는 칸트의 '미적 무관심성' 이론입니다. 칸트에게 미는 어떤 이해관계나 도덕적 기준 등 일체의 다른 조건과 무관하게 만족을 느끼는 대상입니다. 이처럼 순수한 미를 추구하는 예술을 유미주의 혹은 예술지상주의라고 합니다.

그런데 우리가 도인이 아닌 이상 실제로 완전히 무관심할 수는 없습니다. 우리는 환경과 맥락 속에 존재하기에 결코 무관심하기는 어렵고, 예술은 자신의 관심사에서 출발할 수밖에 없습니다. 칸트의 미학을 비판하고자 하는 게 아니라 미와 예술은 다르다는 것을 말하고자 합니다. 칸트의 정의대로 미가 무관심한 만족감이라면, 예술은 불쾌한 현실에서 출발하여 이상적인 미를 지향함으로써 현실과 이상의 벌어진 간격을 좁히는 실천적 행위입니다.

**예술은 이상적인 미와 추한 현실 사이를
좁히려는 실천적 행위이다.**

그래서 예술작품에는 미에 대한 지향 의식과 추한 현실에 대한 저항의식이 담겨 있습니다. 미가 관념적이고 무관심한 만족이라면 예술은 관심에서 출발하여 무관심으로 나아가는 과정을 보여줍니다. 우리의 현실이 추한 것은 관습적인 적폐가 굳어져 자유롭지 못하고 자연스럽지 않기 때문입니다.

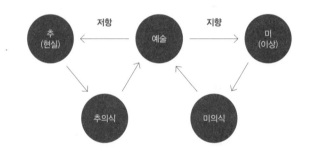

예술의 존재론적 위치

사회적 적폐는 대부분 인간의 이분법적 판단과 중심주의가 만든 차별적 생각이 만들어낸 것입니다. 이것이 선악과입니다. 인간의 모든 문제는 선악과를 따먹어서 생기는 것입니다. 선악과를 따

먹으면 비교 불가능한 차이를 차별로 인식하여 폭력을 행사하게 됩니다. 여러분도 차별 대우를 받아서 생긴 상처를 입은 경험이 있을 것입니다. 특히 부모로부터 차별받았다고 생각하면 마음의 상처로 남게 됩니다. 사회에서도 성차별, 계급 차별, 학력 차별, 재산 차별 등등의 각종 차별이 만연합니다.

예술가는 우리 사회의 부조리한 차별 의식을 예리하게 읽어낼 수 있어야 합니다. 문제의식이 없는 예술은 병의 원인도 진단하지 못하고 치료약을 처방하는 것과 같습니다. 명상이 건강식품 같은 것이라면, 예술은 치료약이나 백신처럼 이미 생긴 문제를 해결하기 위한 것입니다.

인간의 모든 문제와 갈등은
차이를 차별로 보는 태도에서 비롯된다.

이처럼 차별을 받거나 부당한 공격을 당하면 우리의 욕망이 억압받고 갇히게 됩니다. 그러면 우리 몸의 세포들은 고유 진동수가 떨어져 고통스러운 추의식으로 변하게 됩니다. 스트레스는 외부의 불쾌한 자극으로 긴장하여 신경세포들의 진동수가 떨어지는 현상입니다. 그러면 우울, 불안, 초조와 같은 추의식의 감정이 일어나 삶의 의욕이 없어집니다. 이것이 오래 지속되면 '한恨'이라는 악성코드 형식으로 변하여 무의식에 저장됩니다. 일시적인 스트레스가 바이러스라면 '한'은 악성코드와 같이 무의식에 저장되어 지속적으로 영향을 줍니다. 이것들을 해결하지 않으면 몸에 진동수를 지속으로 떨어뜨리며 창조력을 약화시키고 추의식으로 고통받게 합니다.

스트레스와 '한'은 차별 의식으로 소외된 세포들의 생존을 위한 외침이라고 할 수 있습니다. 이것은 사랑을 통해서, 즉 의식을 통해서 치유될 수 있습니다. 스트레스와 '한'이 된 감정을 섬세하게 의식하고 표현하면 그것이 해소되면서 떨어진 고유 진동수를 회복되어 치유가 이루어집니다. 누군가 여러분의 억울한 마음을 섬세하게 이해하고 표현해주면 눈물이 날 정도로 고마울 것입니다. 남이 아니라도 스스로 그렇게 하면 됩니다. 그러려면 의식과 감정을 분리해야 합니다. 감정은 파도와 같이 시간에 따라 변하는 것입니다. 그러나 의식은 불변하고 영원한 주체입니다. 참나는 의식이지 감정이 아닙니다.

우리가 "나는 마음이 우울하다"라고 말할 때는 나와 감정이 한통속이 된 상태입니다. 이럴 때는 우울이 곧 나라고 생각하기에 괴로운 것입니다. 그러나 "나는 마음이 우울하다는 것을 알고 있다"라고 말할 때는 감정과 의식이 분리된 상태입니다. "우울하다"라는 건 감정이고, "알고 있다"라는 건 의식입니다. 이때는 의식이 주체가 되어 감정을 멀리 떨어져서 내려다보기에 감정의 노예에서 벗어날 수 있는 것입니다. 그러면 어느덧 파도가 잦아들면서 고통스러운 추의식이 평온한 미의식으로 전환되는 극적인 반전이 이루어집니다. 이것은 바로 예술의 메커니즘입니다.

예술은 우리 삶의 고통스러운 문제를 의식이 관조함으로써 억압되고 굳어진 대상을 자유롭게 하는 것입니다. 이것은 사랑의 결핍으로 인한 상처를 미의식으로 치유하는 행위입니다.

"진정한 예술은 사랑 안에서 존재한다.
그것이 나의 기교이고 나의 종교이다."(샤갈)

좋은 예술은 암세포처럼 굳은 고정관념을 풀어 자유롭게 하는 치료제 같은 것입니다. 암세포를 방사선으로 치료하듯이 예술은 의식의 빛을 가해서 문제 된 곳에 생기를 부여하는 행위입니다. 그래서 샤갈은 "진정한 예술은 사랑 안에서 존재한다. 그것이 나의 기교이고 나의 종교이다."라고 말했습니다.

예술의 대상이 경직된 사회가 되면 리얼리즘이 되고, 자신 내면의 억압된 욕망이 되면 표현주의가 됩니다. 그리고 예술의 대상이 굳어진 인간의 사고나 관습적 형식에 맞춰지면 개념미술이나 아방가르드가 됩니다. 모든 예술은 굳어짐에 저항하여 본래의 자유를 회복하고자 합니다. 본래적 자유는 곧 자연입니다. 자연에서 모두 개체들은 하나로 연결되어 상호작용하고 있습니다.

우리 몸을 구성하는 70조의 세포들이 하나의 나를 이루면서 서로 유기적으로 작용하고 있듯이, 자연은 하나의 우주의 요소로서 인연과 '연기緣起'의 유기적 작용 속에 변해가고 있습니다. 이처럼 하나의 전체가 다양의 통일을 이루어 상호의존적으로 변해하는 역동적 조화를 우리는 '미'라고 합니다. 우주는 다양한 개체들의 고유 음(파동)들이 하모니를 이룬 거대한 오케스트라의 즉흥적 연주와 같습니다. 이 대우주의 연주에서 한 명의 악사가 조화되지 못하면 연주는 엉망이 될 것입니다.

미는 각 개체들이 다양의 통일을 이루어
상호의존적으로 변해가는 '역동적 조화'다.

자연은 한 치의 오차 없이 창조주의 지휘를 따르지만, 인간은 자유의지를 활용하여 자기 본성의 연주를 방해할 수 있습니다. 최근 양자물리학에서 입증하고 있듯이, 사람을 포함하여 모든 물질은 진동하는 에너지로서 파장을 주고받을 뿐입니다. 불교에서는 이처럼 자성自性이 없이 인연으로 생겨나는 상호작용을 '공空'이라고 합니다. 사물은 연기적으로 의존해서 서로를 성립시키므로 '공'하다는 것입니다. 미의 실체가 있다면 어떤 굳어진 형식이 아니라 '공'한 것입니다. '공'은 그냥 비워져 아무것도 없는 게 아니라 끝없는 파동을 주고받는 작용입니다.

그러나 예술은 필연적으로 어떤 형식을 통해 물질화되어야 하기에 미와 예술은 운명적으로 일치될 수 없습니다. 역설적으로 그렇기에 예술은 영원한 것입니다. 붙잡을 수 없기에 끝없이 지향할 수 있는 것입니다. 과학이 역동적인 '공'의 세계를 고정된 지식으로 붙잡는 것이라면, 예술은 붙잡은 지식이나 관습적 형식을 본래의 '공성空性'으로 되돌리는 행위라고 할 수 있습니다. 물질로 굳어진 것을 본래의 공성으로 되돌리려면 오직 주체의 공성인 의식을 통해서 가능합니다. 우리의 의식은 '공'의 상태인 파동으로 존재합니다.

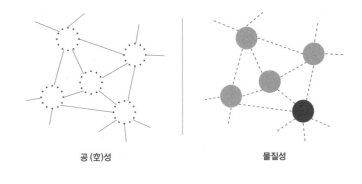

공 (空)성   물질성

개체들이 공(파동)으로   개체들이 물질로 굳어져
유기적 통일을 이룬 '미'의 상태   각자 소외된 '추'의 상태

　미가 '공'의 상태라는 것은 진동하는 파동으로 서로 공명을 이
루며 하나가 된 상태입니다. 동양 미학에서는 이를 '기운생동'이
라고 합니다. 우리 몸에서도 건강한 세포들은 공성으로 파동을 일
으키며 주변 세포들과 긴밀한 관계를 맺고 자기 음을 내고 있습니
다. 그러나 병든 세포들은 경직되고 굳어져 주변과 어우러지지 못
하고 암세포로 변합니다. 암세포는 주변과 소통을 관장하는 섬모
가 거의 없는 세포입니다. 이렇게 물질성으로 굳어지고 고립되어
소외되면 이기적으로 자기 증식만을 일삼게 되어 유기적 통일이
깨지게 됩니다.
　우리 사회에서도 주변과 조화되지 못하고 조화를 깨는 사람은
암적인 존재입니다. 우주에서 인간은 하나의 세포와 같습니다. 주
변과 어우러져 상호작용하며 조화되어 우주의 지속적인 연주에
참여해야 합니다. 만약 관습과 관념에 의해 굳어지면 진동수가 떨

어져 불협화음을 만들면서 미가 추로 변하게 됩니다.

예술은 추한 현실에 저항하여 공으로 존재하는 미를 지향합니다. 따라서 예술의 생리는 형식적 정립이 아니라 정립된 형식을 해체하여 자유롭게 하는 반反아카데미즘의 성격을 지니고 있습니다. 아카데미즘으로 굳어진 관습적 형식을 의식의 빛으로 녹여서 말랑하게 만든 다음 자유롭게 변형시키는 것입니다. 굳은 흙으로 도자기를 만들려면 먼저 물로 반죽하여 말랑하게 만들어야 자유롭게 변형할 수 있듯이 말입니다.

예술에서 전통적 관습은
창작의 불꽃을 지피는 땔감과 같다.

예술에서 전통은 맹목적으로 따라야 할 대상도 아니고, 버려야 할 대상도 아닙니다. 전통은 땔감처럼 태워서 활용해야 할 대상입니다. 전통의 관습적 형식을 그대로 따르는 건 과거로의 종속을 의미하고, 전통을 송두리째 버리는 건 오랜 역사 속에 축적된 토대와 정체성을 상실하는 손해를 감수해야 합니다. 그러나 태운다는 것은 전통을 활용하여 승화시킨다는 것입니다. 우리가 강렬한 미의식을 지니고 있다면 전통적 관습은 창작의 불꽃을 지피는 땔감처럼 활용할 수 있습니다.

미의식이 없는 사람은 전통적 관습을 시대에 맞게 변형시킬 능력이 없기에 전통을 맹목적으로 모방하게 됩니다. 이것은 예술이 아니라 기술입니다. 예술에서 전통적 관습이 갖는 가치는 땔감으로서의 가치입니다. 땔감이 없으면 불을 피울 수 없고, 종이처럼 너무 빨리 타버리는 땔감은 효용성이 떨어집니다. 땔감은 마른 장작처럼 굳어져 단단할수록 불을 붙이기는 어렵지만 한번 타기 시작하면 오래도록 탑니다.

우리가 예술작품에서 감동하는 건
아름다운 형식이 아니라 전통적 관습을 태워
자유롭게 변형하는 예술가의 창조적 미의식이다.

우리가 예술작품에 감동하는 건 아름다운 형식이 아닙니다. 현대미술이 어렵다고 말하는 사람은 예술의 가치를 아름다운 형식에서 찾기 때문입니다. 그렇게 접근하면 평생을 감상해도 예술작품을 이해할 수 없습니다. 지금 수백억을 주고도 살 수가 없는 모네의 〈해돋이 인상〉이 처음 발표되었을 때 벽지보다 못한 그림이라는 혹평이 쏟아졌습니다. 심지어 너무 괴기스러워서 신문에 임산부에게는 위험하다는 만평이 실리기도 했습니다. 윤곽선이 흐리멍덩하고 거친 모네의 그림이 전통적 관습에서 많이 벗어나 있기 때문이었습니다.

지금은 미술사에서 가장 중요한 작품으로 평가되는 피카소의 〈아비뇽의 처녀들〉도 처음에는 그랬습니다. 피카소를 지지했던 친구들도 "이게 그림인가?"라며 경악을 금치 못했습니다. 심지어 동료 화가 브라크도 이건 "우리에게 석유를 마시게 하고 밧줄을 밥으로 먹으라는 것과 같다"라며 혹평을 가했습니다.

그러나 피카소 작품에서 오는 감동은 전통적으로 내려오는 일 시점 원근법을 해체하고 다시점으로 그림을 그렸다는 것입니다. 원근법은 서양에서 르네상스 이후 무려 500년 동안 이어져 내려온 미술의 관습적 형식이었습니다. 너무 말라 굳어 있었기에 아무도 이것을 태울 엄두를 못 내고 있을 때 피카소가 여기에 불을 지핀 것입니다. 그것을 가능하게 한 것은 창조적 미의식입니다.

이처럼 오랜 관습은 너무 단단하여 불이 잘 붙지 않지만 일단 불을 붙이면 오랫동안 태울 수가 있습니다. 그래서 피카소의 입체주의는 20세기 현대미술에 지대한 영향을 줄 수 있었습니다. 그의 작품의 예술성은 입체주의라는 그로테스크한 형식이 아니라 오랫동안 이어온 관습적 형식을 땔감 삼아 이를 태워 자유롭게 변형시킨 그의 창조적 미의식에 있습니다.

우리가 대가들의 형식을 모방하는 것은 가능해도 창조적 미의식을 흉내 내는 건 쉽지 않습니다. 우리가 대가들의 작품을 모방한 그림이나 위작을 평가절하하는 건 창조적 미의식 없이 관습을 따라 하는 모방의 기술만 있기 때문입니다. 창조적 미의식이 없이 아름답기만 한 그림은 키치나 싸구려 이발소 그림에 불과합니다.

상품과 달리 예술에서 복제는 범죄 행위입니다. 이것은 예술작품의 존재론적 가치가 작가의 창조적 미의식에 달려 있다는 것을 의미합니다. 키치가 무가치한 것은 형식적으로 아름답지 않아서가 아니라 작가의 창조적 미의식이 없기 때문입니다. 키치는 내용물 없이 포장만 아름답게 한 상품과 같습니다.

훌륭한 예술작품의 가치는
"판단 없는 호기심"으로 의식을 각성시키는 데 있다.

예술작품의 존재론적 가치는 우리의 관습적인 생각을 중지시켜 "판단 없는 호기심"으로 의식을 깨우는 것입니다. 그것은 낯선 여행지에서 느끼는 효과와 비슷합니다. 우리가 여행을 하면 활기가 생기는 것은 새로운 장소에 적응하기 위해 우리 감각이 깨어나기 때문입니다. 익숙한 장소를 계속 보다 보면 대상을 관습적으로 보게 되어 의식이 작동하지 않습니다. 그러나 낯선 장소에 가보면 우리의 판단을 중지하게 만들고 호기심을 작동시켜 감각이 깨어나게 됩니다. 그러면 대상과의 교류가 일어나면서 의식의 충전이 이루어집니다.

따라서 훌륭한 예술작품을 감상하는 건 멋진 여행지를 여행하는 거와 유사한 효과가 있습니다. 여행은 가보지 않은 새로운 장소일수록 효과가 큽니다. 우리가 비싼 경비를 들여서라도 여행을 가려는 것은 관습화된 의식을 깨우기 위한 것입니다. 그럴 때 우리는 '화두'처럼 "분별없는 호기심"을 불러일으켜 의식 작용이 활성화되면서 충전이 이루어집니다.

여행에서처럼 예술작품도 우리가 쉽게 인지할 수 있는 작품은 좋은 작품이 아닙니다. 그런 작품은 우리의 의식에 어떤 영향을 줄 수 없기 때문입니다. 그러나 화두처럼 우리가 판단할 수 없는 멍한 상태에 이르렀을 때 우리는 붙잡고 있던 지식의 밧줄을 끊어내고 하늘을 날 수 있습니다. 우리를 완전히 이해시키는 작품은 좋은 작품이 아닙니다. 예술의 존재론적 가치는 지식의 전달이나 계몽에 있는 것이 아니기 때문입니다. 그것은 과학이나 도덕이 담당할 몫입니다. 위대한 예술작품은 우리가 알게 모르게 편견으로 정립된 미에 대한 상식적인 판단을 중지시킬 수 있어야 합니다.

예술의 진정한 목적은 지식의 확장이 아니라 무의식화된 의식을 깨우는 것입니다. 이러한 예술의 목적을 이해하지 못하는 사람들은 자신들이 이해할 만한 익숙함을 요구하지만, 그러한 익숙함은 보는 이의 굳은 의식에 아무런 영향을 줄 수 없습니다. 현대예술이 숭고한 아방가르드를 지향하는 것은 이 때문입니다. 그러나 아방가르드적인 충격이 모두 의미가 있는 건 아닙니다.

예술적 새로움은 어떤 호기심을 불러일으켜야 하고 불가지한 본질의 세계와 닿아 있어야 합니다. 그때 우리를 가둬놓았던 편협한 관념과 지식이 무너지면서 시적인 본질의 신비를 직관하게 됩니다. 그러면 인지할 수 없어서 생긴 불쾌감이 쾌감으로 전환됩니다.

좋은 예술작품은 습관에 가려진
무의식을 의식하게 한다.

그런 맥락에서 예술은 낯익은 관습적 형식과 투쟁을 통해서 무의식을 의식화하는 행위라고 할 수 있습니다. 우리의 문제는 무의식화되는 것이고, 무의식화된다는 건 무시하거나 억누른다는 것입니다. 반대로 의식한다는 건 곧 사랑하고 몰입한다는 것입니다.

우리 자신과 사회의 모든 문제는 무의식화가 진행되어 생긴 것입니다. 예술은 이런 문제들을 의식함으로써 치유하고 승화시켜주는 정신 활동이라고 할 수 있습니다.

본능을 따르는 동물들은 무의식화가 이루어지지 않기에 예술이 필요 없습니다. 그러나 인간은 오염된 이념과 경직된 지식이 자유로운 마음을 규격화하고 획일적으로 만들면서 알게 모르게 무의식화가 진행됩니다. 프로이트의 정신분석학의 영향을 받은 초현실주의는 이러한 억압된 무의식을 분출시키고자 했습니다. 그래서 자동기술법으로 이성의 지배를 받지 않는 공상이나 꿈, 환상의 세계를 표현하고 우연성을 드러내고자 했습니다.

그러나 이성의 지배를 받아온 인간이 자신의 무의식을 보는 것은 결단코 쉬운 일이 아닙니다. 트라우마처럼 크게 억눌린 상처를 인지하는 건 가능하겠지만, 관습의 반복으로 자신도 모르게 무의식화가 진행된 것들은 인지 자체가 어렵습니다.

무의식에 지배당할수록 우리는 습관적으로 살게 되고, 주체성이 결여된 삶을 살게 됩니다. 반대로 깨어 있는 의식 상태에서는 우리의 모든 생각과 행동이 주체적이고 창조적으로 됩니다. 그리고 이처럼 깨어 있는 의식 상태가 길어질수록 무의식이 줄어들고 창조적인 나로 거듭나게 되는 것입니다. 그러려면 만물을 사랑하고 매 순간 몰입해야 합니다. 이것이야말로 창조적인 예술가가 갖추어야 할 가장 중요한 자질입니다.

고통을 승화하는
삶의 위대한 자극제: 니체

세상을 살다 보면 항상 행복한 일만 있는 것은 아니고, 실패와 좌절을 경험할 때가 더 많을 수도 있습니다. 그러나 이러한 상황에서 반응하는 방식은 사람마다 차이가 있습니다. 실제보다 상황을 더 부정적으로 해석하여 좌절하고 절망하는 사람이 있는가 하면, 어떤 사람은 불행도 긍정으로 받아들이고 그것을 기회 삼아 삶을 창조적으로 개척해나가기도 합니다.

니체는 후자의 인간을 '초인ubermensch'이라고 부르고 이상적인 인간상으로 생각했습니다. 니체가 정의하는 초인은 삶의 고통과 허무를 인식하면서도 기구한 삶의 운명을 순진무구하게 긍정하고 사랑하는 자이며, 어딘가로 초월하는 자가 아니라 자기 자신을 지속으로 극복하는 자입니다.

니체는 세계를 시작도 끝도 없는 거대한 힘, 늘지도 줄지도 않고 변화하기만 하는 "힘에의 의지Wille Zur Macht"라고 봅니다. 이러한 생각은 쇼펜하우어의 "생에의 의지"를 재해석한 것입니다. 쇼펜하우어는 살아 있는 인간 자체에서 나오는 생에의 의지가 인간의 행위와 인식을 지배한다고 보았습니다. 인간의 욕망이 무한한 건 맹목적인 생에의 의지 때문이며, 신도 생에의 의지가 만들어낸 관념이라는 것입니다. 이 같은 끝없는 욕망이 결국에는 인간을 파멸로 이끌 것이기에 금욕적인 삶을 살 것을 주장했습니다.

그러나 니체는 인간의 욕망이 단지 살기 위한 의지만이 아니라, 한계 상황을 극복하려는 초월적 갈망을 지니고 있다는 점에서 "힘에의 의지"라고 하였습니다. 이것은 더 높은 이상을 지향하기 위해 스스로를 파괴하는 힘입니다. 그는 삶의 저편에 있는 신과 같은 초월적 가치에 숭배하는 걸 거부하고 자신을 극복해가는 초인이 되어야 한다고 주장했습니다. 그런 의미에서 "신은 죽었다"라고 한 것입니다. 인간들이 설정한 신이라는 관념이 인간의 삶에 족쇄를 채워 인간을 노예로 만들기 때문입니다.

> **"선은 인간 내부의 힘을 증진시키는 것이고,**
> **행복은 힘이 증대되어 저항이 극복된 느낌이다."**(니체)

이런 관점에서 니체는 선악과 행복을 정의합니다. 그에게 선은 "인간 안에서 힘 자체를 증대시키는 모든 것"이고, 악은 "약함에서 비롯되는 모든 것"입니다. 그리고 행복이란 "힘이 증대된다는 느낌, 그래서 저항이 극복되었다는 느낌"입니다. 그는 자기 자신에 대한 자발적 긍정에서 성장하고, 자기 스스로 가치를 설정하며,

스스로 선과 악을 결정하는 자의 도덕을 '주인 도덕'이라고 부릅니다. 그리고 스스로 가치를 설정하지 못하고, 복수심과 원한 감정, 반동적 집단 본능에서 성장하고, 자신이 아닌 것 전부에 대해 부정만 할 뿐인 자들의 도덕을 '노예 도덕'이라고 부릅니다.

그런 면에서 그리스도교의 도덕은 유대인의 복수심이 고안한 노예 도덕의 기반에서 성장했다고 생각합니다. 그것은 사물의 가치를 빈곤하게 하고 세상과 자신을 부정하게 합니다. 그래서 주인 도덕을 통해서 삶을 자기 극복을 이루어내고 긍정적 가치와 힘의 상승을 일구어내어 자기의 충만함을 나누어주어야 한다고 주장합니다.

니체에게 숭배는 창조적 힘을 가진 인간이 자신의 피조물인 무언가에 지배당하는 것입니다. 이것은 관습적 형식의 노예가 되지 말고 자기 안에서 성령과 신을 찾으라는 예수의 사상과 정확히 일치합니다. 그래서 저는 니체가 기독교를 부정한 것이 아니라 오히려 가장 기독교 정신의 핵심을 이해했다고 생각합니다. 니체야말로 스스로 주인이 되어 관습적 형식을 자유롭게 하는 미학적 인간의 표본이라고 할 수 있습니다.

니체가 생각하는 이상적인 인간상은 자발적인 자유의지로 "힘에의 의지"를 발휘하는 존재입니다. 이러한 힘에의 의지가 생성과 변화의 끊임없는 과정 중에서 창조적 생성 작용을 하는데, 그것을 예술이라고 봅니다. 그에게 예술가는 자신의 무한한 잠재 능력의 힘을 신뢰하고 위기 상황에서 그것을 발휘하는 가장 긍정적인 인간입니다.

"인간은 예술을 통해서 생명력을 회복하고
허무를 극복할 수 있다." (니체)

니체는 플라톤 이후 영혼이나 이성적 정신성을 강조하는 예술에 대한 형이상학적인 정의들을 파기하고 생리학적 관점에서 예술을 정의합니다. 생리학적으로 인간의 생명력이 약화되는 것은 경직된 사고와 관습에 얽매여 세포들의 진동수가 떨어지는 것입니다. 그러면 우리 몸의 활력을 잃고 부정적인 생각이 우리 뇌를 지배하게 됩니다. 그럴 때 생명력을 회복하고 허무를 극복하게 하는 것이 바로 예술이라고 니체는 정의합니다.

생명력을 복원하기 위해서는 힘의 충전이 이루어져야 하는데, 니체는 그 충전 행위를 '도취Rausch'라고 부릅니다. 도취한다는 것은 우리의 의식이 한 대상으로 집중과 몰입이 이루어진다는 것입니다. 이것은 대상과 사랑에 빠지는 것입니다. 그러면 긴장과 경계가 사라지고 모든 게 풍요롭고 아름다워 보입니다.

어딘가에 도취되었을 때 인간의 감정은 총체적인 엑스터시의 상태가 되어 충만감과 힘의 상승감을 느끼게 됩니다. 풍요로움과 완전성이 심층적 본능에까지 확대되면 그 충만한 힘이 넘쳐흘러 모든 것들을 풍요롭게 만듭니다. 그때는 무엇을 하든지 적극적이고 절실하게 대하고 강렬한 힘으로 대상을 변화시킵니다. 도취 상태에서는 자신의 잠재 능력이 극대화되어 창조적인 지혜가 샘솟게 되지만, 반대로 힘이 없으면 주변을 피폐하고 소모적으로 만듭니다.

"도취할 수 없는 자는 아름다움도 알 수 없다." (니체)

우주는 파동으로 연결되어 있고 대상과 도취를 통해서 의식이 충전됩니다. 그 연결된 끈이 절단되어 소외되면 힘이 빠지게 되어 있습니다. 그래서 모든 위대한 성인들은 사랑을 외친 것입니다. 사랑하게 되면 도취가 이루어져 신성한 창조적 힘이 충전되기 때문입니다. 그러면 나와 대상이 분리되지 않고 하나로 조화되어 아름다움을 느끼는 것입니다.

그래서 니체는 "도취에 빠질 수 없는 자는 신체 능력의 이상화를 구현하지 못하기에 아름다움도 알지 못한다"라고 말합니다. 그런 점에서 예술작품은 어떤 대상에 도취하여 사랑의 결과로 낳은 자식이라고 할 수 있습니다.

'도취'는 신체 유기체의 모든 세포들이 총체적 협조가 이루어진 상태이며, 여기서 정신과 육체, 감성과 이성의 이분법적 분별이 적용되지 않습니다. 도취가 이루어지면 무당처럼 신명이 일어나 고통스런 추의식을 황홀한 미의식으로 전환할 수 있습니다. 그러면 몸과 마음이 황홀해져 취해있으면서도 깨어있고, 최고로 격정적이면서도 최고도의 각성 상태가 됩니다. 그럴 때 우리는 삶의 문제를 두려움 없이 대하고 적극적으로 해결할 수 있습니다.

"예술을 통해 인간은 최고의 풍요로움과
자신의 완전성을 즐길 수 있다." (니체)

니체가 말한 도취를 한국말로 하면 '신명' 혹은 '신바람'입니다. 신명은 몰입을 통해 우리 안의 신성을 깨우는 것입니다. 한국인들은 신명(신바람)이 나면 놀라울 정도의 힘이 생겨 평소 어려워하던 일도 척척 해냅니다. 무당은 신명을 통해 억울하고 원통하여 뭉친 한을 풀어줍니다.

한국의 춤이나 음악은 무당의 굿에 연원을 두고 있으며 신명으로 삶의 원한과 한을 풀어주는 치유적 성격을 지니고 있습니다. 저의 저서 『한국의 미의식1-신명』(2018)은 그러한 한국 예술의 특성을 조명한 책입니다. 그런 측면에서 한국의 신명 예술은 니체의 예술관과 그대로 통한다고 할 수 있습니다.

신명과 도취의 상태에서 우리는 삶을 긍정하고 자신의 완전성과 창조적 신성을 발휘할 수 있습니다. 니체 역시 그런 상태에서 인간은 최고의 풍요로움과 자신의 완전성을 즐길 수 있고 그것을 예술의 역할이라고 생각했습니다. 그렇게 보면 예술은 생의 의욕을 북돋우고 몸과 마음 전체를 즐겁게 하는 유용한 도구라고 할 수 있습니다.

"예술은 우리를 절망에서 구원하여
삶으로 향하게 하는 위대한 자극제다."(니체)

니체에게 예술은 생리적으로 인간의 생명 욕구와 의지를 발현하게 하고, 우리를 절망에서 구원하여 삶으로 향하게 하는 위대한 자극제입니다. 그런 관점에서 니체는 섬세한 자기 체험이 빠진 칸트의 선험적 미학이나 의식이 빠진 형식주의를 반대합니다. 형식주의가 신조로 삼은 "예술을 위한 예술"은 도덕을 가르치고 인간을 개선하려는 목적을 예술에서 배제하는 것이었습니다. 그러나 니체는 예술이 무언가를 찬미하거나 선택하고, 부각하며 주관적인 해석과 가치 평가를 내리기 때문에 결코 무관심적인 형식주의가 될 수 없다고 주장합니다. 니체는 미와 예술의 차이를 명확하게 인식한 철학자입니다.

니체는 사실주의 예술에 대해서도 비판적인 관점을 취합니다. 사실주의는 대상을 객관적으로 보려는 태도를 취하지만 인간의 정신 활동은 원칙적으로 특정한 주관적 관점으로 볼 수밖에 없기 때문입니다. 그래서 니체는 예술은 대상에 대한 하나의 해석에 불과하다고 봅니다.

그는 쇼펜하우어의 영향을 받았지만, 그의 염세주의적 예술론에 대해서는 신랄하게 비판합니다. 힌두 사상에 영향을 받은 쇼펜하우어는 생에의 의지가 작동하는 한 우리는 욕망을 멈출 수가 없기에 의지를 금욕적으로 억제해야 한다고 주장합니다. 그래서 생의 의지에서 해방되는 것을 예술의 총체적 목적이라고 주장합니다. 그러나 니체는 이를 염세주의자의 사악한 시선이라고 비판합니다.

쇼펜하우어에게 비극 예술은 인간의 의지를 체념시키는 것이라면, 니체에게 비극적 예술가는 디오니소스적 인간입니다. 디오니소스는 뜻하지 않은 우연으로 파괴되었다가 삶의 의지로 부활하는 필연의 존재, 삶의 우연성을 헤쳐나가는 존재입니다.

디오니소스는 포도주의 신으로도 알려져 있는데, 포도주는 포도를 짓이겨서 만든 것입니다. 여기서 파괴는 부활하기 위해 감당해야 할 고통이고, 이전의 나를 파괴함으로써 더 나은 나로 부활하기 위한 전제 조건입니다. 따라서 디오니소스적 인간은 삶의 가장 낯설고 가장 가혹한 문제들에 직면해서도 삶 자체를 긍정하고 자신의 무한성에 환희를 느끼는 삶에의 의지를 드러냅니다. 그들의 창조 행위는 자신의 존재에 대한 감사입니다.

> **"예술은 개인의 고뇌를 정화하여 창조의 유희를 즐기고 위대한 삶으로 승화하는 훌륭한 도구다."(니체)**

니체가 생각하는 비극적 예술가는 고통에 익숙하고 커다란 재난과 공포를 불러일으키는 문제 앞에서 용기와 자유를 선택하고, 비극과 더불어 자신의 존재를 찬양하는 자입니다. 그는 인간이 자신의 존재 이유를 해명할 수 있는 유일한 단서는 누구나 지닌 이러한 예술적 욕망 때문이라고 주장합니다.

따라서 니체에게 예술은 삶을 활기차게 하는 위대한 움직임이며, 평범한 삶에서 도피할 수 있게끔 사람들을 자극하는 위대한 유혹입니다. 그리고 삶을 부정하려는 모든 의지를 짓누를 수 있는 유일한 힘입니다. 그래서 예술은 성스러운 긍정으로 개인적인 고뇌를 정화하여 창조의 유희를 즐기고 위대한 삶으로 승화시킬 수 있는 훌륭한 도구가 될 수 있는 것입니다.

직관을 통한 지각의 확장: 베르그송과 퐁티

•
○

진화론적 관점에서 인간이 식물이나 동물보다 우월한 점이 있다면 자유롭다는 점일 것입니다. 동식물은 자신의 고유한 본성에서 크게 벗어나지 않고 정해진 운명대로 살아갑니다. 그러나 인간은 자유의지가 있어서 자신의 운명을 스스로 선택하고 의지에 따라서 운명을 바꿀 수도 있습니다. 이러한 자유의지는 인간에게 양날의 검과 같습니다. 한순간의 잘못된 선택은 나락으로 떨어지게 하지만 한편으로는 비극적 운명도 창조적으로 개선할 수가 있습니다.

모든 예술이 추구하는 궁극적 목적은 바로 자유입니다. 자유는 창조적인 정신 능력을 지닌 진화된 인간이 누리는 특권입니다. 프랑스의 철학자 베르그송Henri Bergson은 진화생물학적 관점에서 인간의 위대함을 물질성을 탁월하게 제압하는 자유로운 창조 능력에서 찾았습니다. 열역학이나 진화론, 양자역학 같은 20세기 전후 발달한 과학적 성과들을 섭렵한 그는 이를 철학적 사유로 녹여 깊은 통찰력을 제시한 철학자입니다.

베르그송의 철학은 세계의 본질을 끊임없이 변하는 시간의 흐름으로 본다는 점에서 동양사상과 닮아있습니다. 서양의 전통 형이상학 철학은 시간보다는 공간에서 이데아를 찾았다면, 동양사상은 시간성에서 본질을 찾았습니다. 서양인들이 영원한 것을 변치 않는 것으로 생각했다면, 동양인들은 변하기 때문에 영원하다고 생각했습니다. 동양사상의 토대가 된 주역에서 '역易'은 변함에 대한 철학이라고 할 수 있습니다.

최첨단 과학인 양자역학에서도 이제는 시간성에 주목하고 있습니다. 미시 세계를 다루는 양자역학에서 우주는 지속해서 변하는 존재이고, 우리 몸도 일정하게 마름질 되어 있는 것 같지만 파동으로 외부와 관련 맺으며 변하고 있다고 봅니다. 이러한 관점에서 보면, 자체로서 완벽한 자기 동일성을 가진 입자가 존재한다는 고전적 생각은 인간이 만든 추상적 사고에 불과합니다. 실재는 개체들이 파동의 상호작용 속에 끝없이 변해가고 있기 때문입니다.

불교에서는 일찍이 그러한 우주의 생기 소멸의 작용을 '연기緣起'라고 불러왔습니다. 자연뿐만 아니라 인간도 그러하기에 이러한 작용을 이해하지 못하고 불변하는 자아가 있다는 생각이 집착과 망상을 일으켜 고통의 원인이 된다고 보았습니다. 노자도 역시 '도가도비상도道可道非常道'라고 하여 일찍이 도를 인간의 지식이나 언어로 규정할 수 없는 것으로 생각했습니다.

베르그송의 철학은 기본적으로 세계를 이처럼 지속으로 변하는 시간성에서 찾고 기존의 서양철학과 과학을 비판합니다. 이것은 우리가 객관적이라고 믿어 왔던 학문 자체에 대한 총체적인 문제 제기라고 할 수 있습니다. 특히 과학이 자랑하는 분석적 사고는 '물자체'로서의 대상을 나누고 쪼개서 이름을 붙이는 방식으로 지식화를 했습니다. 우리가 신뢰하는 합리적 사고나 과학적 지식은 모두 분석을 기초로 만들어진 것입니다. 분석은 세상을 바라보는 하나의 사유 방식이지만, 지속으로 변하는 존재의 시간성을 다루기에는 적합하지 않습니다. 우리가 대상에서 한 면을 포착하여 이름을 붙이는 순간 대상은 이미 변해버리기 때문입니다.

여러분이 저의 이름을 부르는 순간 저는 이미 변해 있습니다. 세계는 연속적인 시간의 흐름 속에 지속으로 변화합니다. 우리가 보는 것은 영화의 한 컷처럼 파편적인 이미지에 불과한 것입니다. 이처럼 붙잡을 수 없이 변하는 대상을 고정시켜 이해한 우리의 지식은 실재를 작위적으로 왜곡한 것입니다. 실재는 분석할 수 없고 아무리 분석해도 붙잡히지 않는 신비 자체이기에 칸트는 『순수이성비판』에서 우리는 '물자체'를 알 수 없다고 한 것입니다.

**"실재는 다원적이고 동적이며 상호 교차하는
지속적인 흐름으로 이루어져 있다."(베르그송)**

지성적 분석의 특징은 동질성을 기준으로 분류하고 이름을 붙인다는 것입니다. 이렇게 동질성에 주목하여 대상을 분석하게 되면 특수성을 무시하고 미시적이고 섬세한 차이들을 외면함으로써 실재로부터 멀어지게 됩니다. 물론 실용성을 목적으로 삼는 실증주의 과학에서 이러한 분류와 분석은 유용할 수 있습니다. 그러나 진리 탐구를 목표로 하는 철학적 사유로는 분석이 적합하지 않습니다. 실재는 다원적이고 동적이며 상호 교차하는 지속적인 흐름으로 이루어져 있기 때문입니다.

베르그송은 우리가 무언가를 지각한다는 것은 우리의 신체가 이미지들의 흐름에서 일정 부분을 덜어내고 선택함으로써 성립한다고 봅니다. 그래서 우리가 지각하는 건 불완전할 수밖에 없습니다. 그러나 신경계가 발달한 사람일수록 뉴런들의 수와 조합 가능성이 더욱 증가하기에 좀 더 지각이 풍부해지고 행동할 수 있는 선택의 폭이 넓어질 것입니다.

그래서 베르그송은 생명이 복잡하게 진화한다는 것은 비결정성을 확장하는 것이며, 신경계가 발달할수록 생명체는 즉각적인 반응을 연기하며 더 나은 행동을 준비한다고 말합니다. 다르게 말하면 저차원적인 인간일수록 자극에 대한 반응이 기계적으로 획일화되어 있고, 고등한 인간일수록 반응이 창조적이라는 것입니다. 베르그송에게 창조성은 가장 진화한 인간의 특권입니다.

"생명은 진화할수록 활동성과 자유,
즉 비결정성을 넓혀가는 어떤 흐름이다."(베르그송)

그렇다면 이러한 창조적 정서는 어떻게 가능할까요? 베르그송은 지성적 분석 대신 '직관'을 제안합니다. 지성적 분석은 인간 주체가 우위에 서서 대상을 내려다보는 권위적 태도로 대상을 대합니다. 우리도 윗사람이 강압적으로 대하면 마음 문을 닫듯이, 그러한 태도로 대상을 대하면 대상은 자신의 본질을 드러내지 않습니다. 그러나 직관은 강압적이고 권위적인 태도가 아니라 대상에 대한 호기심으로 대상과 하나 되고자 하는 열린 마음의 바라보기입니다. 그럴 때 대상이 지닌 유일하고 표현하기 어려운 것을 공감하고 이해할 수 있는 것입니다.

나를 중심으로 대상을 내려다보듯이 대하면 대상을 결코 이해할 수 없습니다. '이해understanding'는 겸손하게 대상의 '아래에under' '선다stand'는 의미입니다. 그럴 때 직관이 이루어져 지성으로는 인식할 수 없는 대상의 본질을 통찰하게 됩니다.

> **"직관적으로 사유한다는 것은**
> **곧 지속 속에서 사유하는 것이다."** (베르그송)

베르그송이 말하는 직관은 지속으로 변하는 존재와 함께 운동하는 의식의 순수한 활동입니다. 직관적 앎은 실용적인 관심에 초연하여 지속의 상태에서 생성과 변화를 본질적 실재로서 파악하는 역동적 형이상학입니다. 그것은 나와 대상이 하나로 어우러지는 물아일체의 체험에서 가능한 경지입니다. 직관이 이루어지려면 자신의 욕망과 일상적 관심에서 벗어나 판단 없는 호기심으로 무관심적 관조가 이뤄져야 합니다. 분석이 과학의 도구라면 직관은 미학의 도구라고 할 수 있습니다.

미학적 인간은 실용적이거나 정치적이지 않습니다. 실용적인 사람이나 정치적인 사람들은 자신에게 필요한 것만 보기에 무관심한 직관이 이루어지기 어렵습니다. 직관이 이루어지면 자기 자신의 의식이 깨어나 우리를 생명의 내부로 인도하고 무한히 확장하는 힘이 생깁니다. 이처럼 직관은 지성을 능가하는 것이지만, 직관을 끌어 올리기 위해서 한편으로 지성의 도움이 필요합니다.

과학자들에게 분석의 능력이 필요하다면, 창조적인 예술가에게 가장 필요한 능력은 직관입니다. 그들은 직관을 통해 우리가 지각할 수 없는 세계를 보게끔 하는 능력을 지닌 사람들입니다. 그들은 대상에 감정을 이입하여 자신과 대상 사이에 가로 놓인 장벽을 무너뜨릴 수 있는 연예의 고수들입니다.

동양화의 문인화는 이런 직관을 훈련하기 위한 예술입니다. 문인화는 서양화처럼 대상을 관찰하고 분석하는 게 아니라 직관을 통해 대상과 하나 되어 그 기운을 생동감 있게 표현하는 것입니다. 이때 중요한 건 묘사의 기술이 아니라 마음에서 대상과 물아일체 되는 직관 능력입니다. 동양 미학에서 '사의寫意'는 눈으로 본 겉모습을 그리는 것이 아니라 마음으로 느낀 '의意'를 그리는 것입니다. '의'는 우리 마음의 파장이 대상의 파장과 공명하여 생긴 느낌입니다.

기운의 공명이 공감으로 이어지면 주체와 객체의 경계가 사라져 직관이 이루어집니다. 대상과의 물아일체는 우리에게 어떠한 지식으로도 얻을 수 없는 미의식을 제공합니다. 그래서 조선 시대까지만 해도 문인화는 사대부 양반들의 필수 교양이었습니다. 예술은 예술가들의 전유물이 아니라 직관력을 기르려는 모든 인간에게 필요한 교양입니다.

베르그송의 철학에서 미적 직관과 예술적 창조는 불가분의 관계에 있습니다. 창조는 존재하지 않는 무언가를 생겨나게 하는 예측 불가능하고 의외성으로 가득 찬 자발적이고 능동적인 행위입니다. 창조적 행위는 기계적인 제작 방법에 의존하지 않는 자유로운 정신 활동이며, 신적인 활동이기에 근원적 쾌감과 환희가 수반합니다. 그러나 직관을 통하지 않고서는 의식의 충전과 지각을 확장할 수 없습니다.

그래서 베르그송의 철학도 결국 예술로 귀결됩니다. 예술가는 직관을 통해 대상에 대해 우리가 상식적으로 알고 있는 것보다 더 섬세한 대상의 특질과 사물 간의 미묘한 차이를 느끼게 하여 지각을 확장해주기 때문입니다. 이를 위해 예술은 대상을 도구적이고 실용적으로 대하는 태도나 사회적이고 인습적으로 대하는 태도를 판단중지시키고 실재를 가로막는 일체의 것을 제거해야 합니다.

**"예술가는 창조성을 특권으로 부여받은 영혼이고,
지성으로 닫힌 영혼을
열린 영혼으로 인도하는 자이다."**(베르그송)

우리가 훌륭한 예술작품에서 고통을 느낀다면, 우리의 고정관념이 깨지면서 생기는 희망의 고통일 것입니다. 이러한 창조적 능력은 직관에서 비롯된 것입니다. 예술가는 창조성을 특권적으로 부여받은 영혼이고, 지성으로 닫힌 영혼과 본성의 열린 영혼 사이를 가교해주는 역할을 부여받은 사람입니다.

베르그송이 생각하는 예술은 대상의 개성을 그려내기 위해 눈에 보이는 선들 뒤에서 보이지 않는 운동을 찾고, 그 운동 뒤에 작용하는 좀 더 비밀스러운 신비를 드러내는 것입니다. 그래서 그는 "예술은 형태화된 형이상학"이라고 말합니다. 그리고 "심오한 철학자와 위대한 예술가는 모두 직관을 서로 다르게 적용함으로써 존립한다"라고 주장합니다.

이러한 베르그송의 철학은 프랑스 현상학을 계승한 사르트르, 메를로-퐁티, 뒤프렌느, 바슐라르 등으로 이어집니다. 특히 후설의 현상학과 실존주의에 천착한 메를로 퐁티Maurice Merleau Ponty는 자신의 철학적 해답을 예술에서 찾았습니다.

퐁티 역시 주관과 객관을 이분법으로 양분시켜 모든 사물을 대상화시키는 서양의 인간 중심적 사유가 정신과 물질, 몸과 마음, 인간과 신 사이에 건널 수 없는 틈새를 만들었다고 주장합니다. 특히 과학은 인간의 몸과 세계 속에서 이루어지는데도 마치 그곳을 온전히 빠져나와서 정확한 객관적인 거리를 가짐으로써 참다운 진리에 도달한 양 위세를 떨치는 정신의 오만함이라고 비판합니다.

"인간의 몸이 세계와 완전히 하나가 될 때
진정한 인간적 실존을 이룬다."(퐁티)

이처럼 권위적으로 내려다보는 과학적 사유에서 벗어나 몸의 감각 세계로 내려와야 내 몸이 깨어나고 나와 연결된 타자들도 함께 깨어난다는 것입니다. 퐁티에게 인간의 몸은 세계에서 분리되기도 하고 하나 되기도 하는 존재인데, 몸이 세계와 완전히 하나가 될 때 진정한 인간적 실존을 이룬다고 봅니다.

1945년 발표한 자신의 저서 『지각의 현상학』에서 그는 객관주의를 신랄하게 비판합니다. 과학이나 우리의 상식으로 바라보는 세계는 대상이 외부에 고정되고 객관적으로 존재한다고 가정하기 때문입니다. 이러한 객관주의적 관점은 대상이 주체의 망막에 자극을 주어 인과적으로 지각이 형성된다고 보는 경험주의나 선험적 주체가 투사를 통해 대상을 구성하여 지각한다는 지성주의와 다르지 않습니다.

이러한 시각과 달리 퐁티는 대상이 우리 밖에 불변의 형태로 존재하지 않으며, 우리의 지각은 대상과 그 대상을 지향하는 인식 주체와의 관계 속에서 게슈탈트적으로 형성된다고 봅니다. 게슈탈트적이라는 것은 우리가 눈으로 들어오는 정보를 있는 그대로 받아들이지 않고, 이를 수정하거나 보완해서 착시의 상태로 지각한다는 것입니다. 따라서 우리의 지각은 객관적인 것이 아니라 관계 속에서 관계의 양상에 따라 형성된다고 봅니다.

> **"화가는 자기 몸을 세계에 빌려줌으로써**
> **세계를 회화로 바꾼다."**(퐁티)

그런 관점에서 그는 서양미술의 원근법적 세계가 실제의 모습이 아니라 작위적으로 구성된 허구에 불과한 것이라고 주장합니다. 게다가 이러한 방식은 대상을 분석하는 과학적 태도의 산물입니다. 퐁티에게 회화는 가공되지 않은 우물에서 순진무구한 의미를 길어내는 것입니다. 화가의 임무는 판단해야 하는 아무 의무 없이 모든 것을 바라볼 권리를 갖는 자이고, 자기 몸을 세계에 빌려줌으로써 세계를 회화로 바꾼다는 것입니다. 그러려면 화가는 우주에 관통되어야 하지 우주를 관통하기를 기대해서는 안 된다고 봅니다.

퐁티에게 화가란 저 높은 곳의 창조주가 아니라 자신 안에 역동적 리듬으로 존재하는 능동적 자연으로서의 몸이 활동하도록 하는 매개자입니다. 예술이 중요한 건 인간의 근원적이고 원초적인 경험을 가능하게 하여 자신을 부단히 개선하고 문화를 생생하게 재탄생하도록 해주기 때문입니다. 예술은 자아와 타자, 나와 세계의 경계를 넘어 융합적 공동체가 발생하는 영역으로 우리를 인도함으로써 인간의 이분법적 분류가 낳은 각종 차별과 중심주의를 치유할 수 있습니다.

퐁티가 특히 좋아했던 화가는 세잔입니다. 세잔은 〈생 빅투아르 산〉의 모습을 여러 작품 그렸는데, 퐁티는 이러한 세잔의 풍경화에서 예술의 본질을 읽어냈습니다. 그것은 세잔의 작품이 끊임없이 존재의 심층을 파고들면서 사물들의 흥분되고 불가지한 힘의 발생을 포착했기 때문입니다. 그것은 우리가 관습적인 시선으로 보는 가시적인 세계의 모습이 아니라 지각이 형성되는 '원초적 세계', 즉 '순수 자연'이 발기하는 현상학적 사태라고 할 수 있습니다.

세잔은 지각에 대한 관습과 선입견을 판단중지하고 자연을 감각으로 직관하고 교류하며 물아일체의 경지를 표현한 화가였습니다. 이처럼 현상학적 태도로 자연과 교류하며 게임을 즐기듯이 그렸기에 세잔의 그림을 보고 있으면 대상에 몰입했을 때 느껴지는 미적 쾌감이 있습니다.

감각적 차이를 통한
자기 확장: 들뢰즈

•
○

우리는 일반적으로 이성을 높게 평가하고 감각의 중요성을 간과하는 경향이 있습니다. 특히 서양철학에서 감각은 이성보다 열등한 능력으로 간주했습니다. 플라톤은 우리가 감각으로 느끼는 현상계는 한순간도 자기 동일성을 확보할 수 없기에 환영에 불과한 것이고, 순수한 자기 동일성을 유지하는 불변의 본질을 '이데아'라고 보았습니다. 그리고 이데아는 시공을 초월하여 존재하기에 우리의 불완전한 감각으로 인식할 수 없다고 생각했습니다. 이것이 철학에서 감각을 폄훼한 이유입니다.

종교가 지배한 중세시대에도 감각을 비도덕적 쾌락과 관련지어 불순한 것으로 취급했습니다. 감각이 인간을 비도덕적인 타락으로 이끈다고 보았기 때문에 억압의 대상으로 삼은 것입니다.

이처럼 억압받아오던 감각이 학문의 대상으로 주목받기 시작한 건 18세기 바움가르텐에 의해 정립된 미학에서부터입니다. 그는 미학을 "감성적 인식의 학문"이라고 정의하고 철학으로부터 미학을 분리하였습니다. 그러나 이때만 해도 감각은 여전히 논리적 인식이나 합리적 추론 아래에 놓인 저급한 인식 수단으로 평가되었습니다. 칸트의 미학에서 감각은 지성을 가능하게 하는 순수 이성의 일차적 도구 정도로 생각되었습니다.

이렇게 평가절하되던 감각이 이성보다 중요한 능력으로 자리잡은 건 오늘날 이성중심주의를 해체하고자 한 포스트모더니즘과 후기구조주의 철학 덕분입니다. 특히 우리 시대의 가장 중요한 현대 철학자 중 한 사람으로 평가받고 있는 들뢰즈Gilles Deleuze에 이르면 감각은 철학의 핵심적인 개념으로 떠오르게 됩니다.

플라톤 이후 서양 형이상학 철학이 '동일성'에 주목해왔다면, 들뢰즈는 1968년 자신의 저서 『차이와 반복』에서 이를 뒤집어 '차이'에 주목합니다. '동일성'이란 사물이 자기 자신과 동일한 것인데, 현실에서 사물은 지속으로 변화하여 자기 동일성을 유지하지 못하기 때문에 감각 역시 열등하게 취급되어왔습니다. 그러나 들뢰즈는 개별자들에게 수직적 위계질서를 부여하는 이데아의 원형을 부정하고, 개별자들 사이에는 오직 수평적 '차이'만이 존재한다고 주장합니다. 동일성의 관점에서 보면 이성이 중요하지만, 차이에 주목하면 감각이 중요해지는 것입니다.

> **"자연이 무한한 변화 속에 존재하는 한 어떤 것도**
> **차이 없는 반복이란 존재하지 않는다"**(들뢰즈)

여기서 말하는 차이는 차별과 전혀 다른 개념입니다. 기존의 형이상학 철학은 이분법에 따라 이데아와 현상계, 정신과 육체, 이성과 감성, 인간과 자연, 남성과 여성 등을 나누고 이들을 차별의 관계로 보았습니다. 이러한 중심주의는 모든 것을 중심과 주변으로 나누어 갈등과 분열을 조장해왔습니다. 포스트모더니즘은 한마디로 이러한 중심주의에 저항하여 차이를 보존하려는 노력이고, 이것은 개별자의 차이를 존중하려는 시도입니다. 자연이 무한한 변화 속에 존재하는 한 어떤 것도 차이 없는 반복이란 존재하지 않는다는 것이 들뢰즈의 근본 생각입니다.

사실 자연은 언제나 일회적인 사건의 연속입니다. 오늘과 똑같은 날씨는 지구가 만들어진 이후 한 번도 없었습니다. 자연은 언제나 사건의 연속이지만, 우리는 거기에서 동일성을 찾아내어 이름을 붙이고 동일성이 반복된다고 생각합니다.

들뢰즈가 말하는 '사건'이란 A나 B로 고정된 존재 상태가 아니라 A에서 B로 넘어가는 순간이며, 어떤 이웃 항들을 만나느냐에 따라 의미가 달라지는 일회적인 것입니다. 스피노자와 니체의 철학을 계승한 들뢰즈의 일원론은 어떤 하나의 것으로 통일되거나 환원되는 것이 아니라 미세하고 무한하게 사방으로 운동하고 있는 무한한 수의 이미지 요소들로 이루어진 세계를 의미합니다.

우리의 지각은 다양하게 존재하는 차이의 세계를 동일한 체계로 분류하여 획일적으로 인식하여 형성됩니다. 우리는 항상 어떤 특정한 관념과 이데올로기로 오염되어 세계를 지각하기에 있는 그대로의 차이를 읽어낼 수 없습니다. 우리가 어떤 대상을 이해한다는 것은 차이를 사유함으로써 가능한데, 들뢰즈는 그 가능성을 예술에서 찾습니다.

그의 저서 『프루스트와 기호들』(1964)을 보면, 그의 인문 정신의 모델이 마르셀 프루스트였다는 것을 짐작하게 합니다. 들뢰즈는 프루스트의 『잃어버린 시간을 찾아서』에서 그를 인용하여 오직 예술을 통해서만 자신에게서 벗어나 다양한 차이를 느낄 수 있다고 말합니다. 예술작품을 통해 표현하는 본질이란 궁극적이고도 절대적인 차이이기 때문입니다.

> **"오직 예술을 통해서만 우리 자신에게서 벗어나**
> **다른 사람의 눈에 비친 세계를 알 수 있다."** (들뢰즈)

프루스트처럼 들뢰즈에게 예술의 역할은 잃어버린 나를 찾아주는 향수를 자극하거나 상처를 보듬어 위안을 주는 데 있는 것이 아닙니다. 그보다 예술은 기존의 나를 해체하는 데 필요한 욕망 자체로 봅니다. 그에게 예술은 하나의 코스모스이자 카오스의 향기를 품고 있는 상태인데, 여기서 카오스는 혼돈 자체가 아니라 무수한 코스모스들이 이루어질 '잠재태'입니다.

예술은 이 잠재태가 모습을 드러내면서 굳어진 관습과 통념들로 코드화된 현재의 코스모스를 벗어나 새로운 세계들에 대한 사유를 가능하게 합니다. 그로 인해 우리는 자신과 다른 세계를 엿볼 수 있고, 세계가 증식하는 것을 보게 된다는 것입니다. 자기 세계가 분명한 독창적인 예술가들이 많으면 많을수록 우리는 무한

속에서 순환하는 세계들을 다양하게 경험하게 되는 것입니다.

우리 사회는 그러한 개인의 다양성을 획일화시켜 어떤 특정한 관점을 강요하고 그와 다른 관점을 죄악시합니다. 그처럼 편협한 이데올로기로 세상을 보면 자기 편만 정의롭게 보이고, 자기 민족만 우월하게 생각되고, 자기 종파만 선하게 보입니다.

그러나 예술의 세계에서는 남과 차이를 만들어낼 수 있는 개성 있는 작가가 훌륭한 예술가입니다. 그들의 작품을 보면서 우리는 동일한 세계를 저렇게 경험하고 표현할 수 있구나 하는 다양성을 경험하게 됩니다. 석가모니가 '천상천하유아독존'이라고 했듯이, 우리는 태어날 때부터 누구와도 비교할 수 없는 유일한 존재입니다. 아무리 가까운 쌍둥이라 해도 기질과 성격이 다르고 경험하고 느끼는 세계가 다릅니다. 위대한 예술가들은 그러한 제 빛깔과 자기 스타일을 구축한 사람들입니다. 우리는 그들의 개성적인 예술작품을 통해서 세계를 새롭고 다양하게 보는 방식을 알게 됩니다.

각종 이념의 틀과 편견으로 코드화되고 획일화된 우리가 경직된 생각을 확장하려면 타자와의 공감을 가능하게 하는 예술이 필요합니다. 예술은 개인을 획일화하려는 사회에 저항하여 타인과 동일시될 수 없는 차이를 드러내고, 증식하는 세계의 다양성을 상실 없이 보전하려는 노력입니다. 이러한 차이를 코드화하지 않고 있는 그대로 인식하게 하는 우리의 능력은 이성이 아니라 감각입니다. 들뢰즈가 감각을 중시하는 이유가 여기에 있습니다.

"감각은 신경 시스템을 재정비하고 동일성과 습관적 형식의 무거움에서 우리를 해방시켜준다."(들뢰즈)

들뢰즈에게 감각은 단순히 자극에 반응하는 생리 현상에 불과한 것이 아니라 신체가 외부 세계와 만나는 순간에 발생하는 존재론적 '사건'의 체험입니다. 이것은 이성처럼 지각의 주체가 대상을 지배하고 포섭하려고 하지 않고 주체와 객체의 구별을 사라지게 합니다. 감각 상태에서 우리는 사건의 다양하고 변화무쌍한 차이들을 느끼게 됩니다. 그래서 하나의 범주에서 다른 범주로, 하나의 층에서 다른 층으로, 하나의 영역에서 다른 영역으로 끊임없이 이동하게 합니다. 이러한 감각의 작용으로 인해 우리의 신경시스템이 재정비되고 뇌가 새로운 활력을 얻게 됩니다. 그리고 신체뿐 아니라 정신에서도 기초가 잡힌 동일성과 습관적 형식의 무거움에서 우리를 해방시켜 줍니다.

컴퓨터를 오래 사용하다 보면 각종 바이러스와 악성코드가 침입하여 속도가 느려집니다. 이럴 때 초기화하거나 윈도우를 재설치하면 문제가 해결됩니다. 우리의 두뇌도 지성이 만든 각종 편견과 고정관념이 악성코드로 뇌에 설치되면 초기화가 필요합니다. 뇌를 초기화하는 데 가장 유용한 방법은 감각을 작동시키는 것입니다. 감각은 이성처럼 어떤 통일적 구성이나 특정한 방향성을 지향하지 않고 운동과 리듬으로 발생하며 사라져 버리는 움직임으로 경직된 뇌를 풀어줍니다.

**"철학이 개념을 다루고, 과학이 기능을 다룬다면,
예술은 감각을 통한 다양한 세계를 느끼기 위해 존재한다."**

(들뢰즈)

들뢰즈의 차이의 철학에서 가장 중요한 분야는 예술입니다. 차이를 감지하는 능력이 감각이고, 감각을 다루는 분야가 바로 예술이기 때문입니다. 그는 철학이 개념을 다루는 분야이고, 과학이 기능을 다루는 분야라면, 예술은 감각을 통한 다양한 세계를 느끼기 위해 존재한다고 말합니다. 현실적인 세계를 다루는 분야가 과학이고, 잠재적 세계를 다루는 분야가 철학이라면, 예술은 잠재적인 것에 실체를 부여하기 위하여 '잠재태'를 구현한다는 것입니다.

이러한 생각을 바탕으로 들뢰즈는 『감각의 논리』(1981)에서 감각으로서의 예술론을 전개했습니다. 그에게 예술은 주관적인 감정의 표현도, 객관적 인식의 전달도 아니며 감각을 드러내는 것입니다. 그는 감각이 '지각$_{percepts}$'과 '정서$_{affects}$'의 복합체로 이루어졌다고 봅니다. 그리고 이것이 자연적, 역사적, 사회적 환경 내에서 주도적인 인식들과 감정들의 집합된 관념의 체계를 탈영토화하고, 다시 구성의 평면에 재영토화한다고 봅니다. 이것은 일종의 '탈구축$_{deframing}$'을 통해 무한한 우주로 향하게 하고, 무한성을 회복하기 위해 유한한 것을 거치는 행위입니다. 따라서 예술가는 외형을 판박이처럼 재현하는 것에 머물지 않고 감각을 통해 생명작용을 포착해내야 합니다.

"위대한 예술은 대상, 풍경, 행위 혹은 감정의 재현이 아니라
그것들을 일으키고 소멸시키는 운동들을 포착하여
보이게 하는 것이다."(들뢰즈)

들뢰즈에게 회화는 재현할 모델이 있는 것이 아니고, 스토리를
위해 삽화적으로 봉사하는 것이 아닙니다. 그보다는 이미 존재하
는 구상figuratif에 촉각적인 작용을 가하여 진부함을 깨트리는 것
입니다. 구상처럼 닮지 않으려고 매 순간 다시 그어지는 터치와
매 순간 새롭게 생성되는 이미지를 그는 '형상figural'이라고 부릅
니다.

그가 말하는 형상은 구상도 추상도 아니며, 새롭게 형성된 감
각 질서에 의해 만들어진 이미지 자체입니다. 구상이 재현의 대상
으로 환원되고, 추상이 두뇌를 작동시켜 인식하게 된다면, 형상은
추상과 달리 추론이나 지적인 인식을 거치지 않고 신경 시스템 위
에 직접 작용하는 감각적 이미지입니다. 따라서 형상은 어떤 이야
기나 내러티브와 관련을 갖지 않고 그 자체로 독립된 자율성을 갖
고 있습니다.

들뢰즈는 현대미술이 판에 박힌 재현을 피하기 위해서 두 가지
방법을 시도했다고 봅니다. 하나는 추상을 통해 순수한 형태를 지
향하는 방법과 대상을 가져와서 고립시켜 순수한 '형상'으로 만드
는 방법입니다. 들뢰즈는 감각적 회화를 위해서는 두 번째 방법을
선호하고, 그 예를 프란시스 베이컨의 회화에서 찾습니다.

베이컨은 사진같이 판에 박힌 것을 일단 화폭 위에 그려놓은

다음에 즉흥적인 '돌발 흔적diagramme'을 가해서 재현으로부터 빠져나오는 방법을 취합니다. 그것은 엄밀하게 규정된 의미 생산 코드를 갖고 있지 않으며, 오히려 그러한 코드에 혼란과 분열을 일으키는 방법으로 감각에 의한 돌발적 흔적으로 생성시켜 구성을 와해시키고 다른 세계를 침입시키는 방법입니다. 들뢰즈는 그 돌발 흔적을 재난이자 혼돈인 동시에 새로운 세계를 향해 감각을 열어놓는 리듬의 새로운 싹이라고 말합니다.

> **"회화는 상투성의 틀을 전복하고**
> **끝없이 새로움을 생성해내는 유목적 주체로서**
> **우리를 변화시키는 삶의 예술이다."**(들뢰즈)

그는 몬드리안이 감각을 정화하여 순수한 시각적 코드로 환원시켰고, 폴록은 혼돈을 화면 전체로 확장시켰다면, 베이컨은 코드로 축약하지 않고 전적인 혼돈으로 빠지지도 않는 뼈대와 살의 적절한 조화를 추구했다고 봅니다. 들뢰즈에게 회화는 단순히 미적 관조의 대상이 아니라 우리의 몸을 '기관 없는 신체'로 변형시켜 미리 존재하는 상투성의 틀을 전복하고 끝없이 새로운 걸 생성해내는 유목적 주체로서 우리를 변화시키는 삶의 예술입니다.

감각을 통해 우리는 타인이 되고, 동물이 되고, 식물이 될 수 있습니다. 이러한 들뢰즈의 '~되기'는 진화의 방향을 거슬러 동물 수준으로의 퇴행이 아닙니다. 오히려 인간이 자신을 하나의 정체성에 한정시키지 않고 존재의 상투형이 굳어지기 전의 가능성의 지대로 돌아가 다른 것과의 접속을 통해 존재의 지평을 창조적으로 넓히는 것입니다. 들뢰즈는 이것이 인간이 예술적으로 존재하는 방식이고, 동시에 예술의 존재 방식이라고 주장합니다.

질문	현대미술은 아무리 봐도 잘 이해가 안 됩니다. 도대체 저런 것이 어떻게 작품이 될 수 있는지 의문이 생길 때가 많습니다. 누구나 이해하기 쉬운 작품이 좋은 작품 아닐까요?

대중들은 일반적으로 작품이 보기에 아름답기를 기대합니다. 그래서 마음을 편안하게 하는 아름다운 장면이나 밝은색으로 그린 작품을 선호합니다. 이러한 작품은 미적인 쾌감을 주지만, 예술성을 보장하지는 않습니다. 미와 예술은 논리가 다르기 때문입니다. 예술은 미를 지향하지만, 동시에 현실의 문제에 대한 저항이 담겨 있어야 공허하지 않습니다. 저항이 강하면 리얼리즘이 되고, 지향이 강하면 낭만주의가 되지만, 문제의식 자체가 없는 작품은 예술성이 약할 수밖에 없습니다.

미와 예술은 모두 쾌감을 추구하지만, 쾌감의 질이 다릅니다. 미적 쾌감이 고통 없는 쾌감이라면, 예술적 쾌감은 인식의 고통을 동반하는 쾌감입니다. 우리 몸은 편안하게 쉴 때도 쾌감이 있지만, 요가나 스트레칭을 할 때처럼 고통을 동반하는 쾌감도 있습니다. 요가나 스트레칭은 이미 굳은 근육을 풀어주는 것이기에 고통을 필연적으로 수반하지만, 그 고통을 통해서 굳기 이전의 자유로운 상태를 회복할 수 있습니다. 이같이 현대미술은 미를 추구하는 것이 아니라 우리의 경직된 인식을 확장하게 하는 숭고의 미학에 의존하기에 어렵게 느껴지는 것입니다. 그러나 그러한 인식의 고통이 결과적으로 우리를 더욱 자유롭게 할 수 있다면, 충분한 예술적 가치가 있습니다.

질문   **관습적 형식을 해체하고 파괴하면**
    무조건 현대미술이 되는 건가요?

그렇지는 않습니다. 우리의 굳은 몸을 풀어준다고 너무 과도하게 스트레칭을 하면 근육이나 인대가 손상되어 오히려 부작용이 생길 수도 있습니다. 우리가 요가나 스트레칭을 하는 것은 원래의 자유로운 상태를 회복하기 위한 것이지 파괴 자체가 목적은 아닙니다. 예술도 마찬가지입니다. 예술은 관습적 형식과 편견을 해체하는 동시에 잃어버린 우리의 본성이나 본질적 이데아를 암시해주어야 합니다.

우리에게 암이 있다고 해서 방사선 치료를 너무 오래 받으면 심각한 부작용이 생깁니다. 암세포뿐만 아니라 정상 세포도 공격을 받기 때문입니다. 훌륭한 치료는 암세포만 선별하여 공격하는 것입니다. 치유를 위한 어쩔 수 없는 파괴와 전면적인 파괴는 그 의도와 목적이 다른 것입니다. 우리는 이것을 식별하여 필요한 파괴라면 고통을 긍정으로 받아들이고 기꺼이 감내할 수 있어야 합니다.

질문   **예술작품도 유행이 있는 거 같습니다.**
    시대마다 예술의 가치가 다르다면
    어떻게 좋은 작품을 식별할 수 있나요?

예술작품은 우리가 항상 먹는 음식보다 병을 고치는 치료 약이나 백신에 가깝습니다. 예술의 가치가 변하는 것은 시대마다 유행하는 질병이 다르기 때문입니다. 장티푸스나 콜레라가 유행하면 거기에 맞는 백신이 필요하고, 요즘처럼 코로나 바이러스가 유행하면 코로나 백신이 절실하게 필요한 것입니다. 그래서 좋은 예술가는 우리 시대의 문제를 정확히 진단할 수 있어야 합니다. 진단이 정확해야 처방도 정확할 수 있기 때문입니다. 그리고 대가일수록 지나간 문제보다 도래할 문제를 예측하는 능력이 뛰어납니다. 지나간 질병에 대해 아무리 좋은 백신을 만들어봤자 수요가 없습니다. 아무리 좋은 치료 약과 백신이라고 해도 환자가 없으면 쓸모없는 것이기에 예술에서도 시대정신이 중요합니다.

소가小家는 지나간 문제에 골몰하고, 중가中家는 현재의 문제에 골몰한다면, 대가大家는 앞으로 도래할 문제에 골몰합니다. 그래서 대가들은 당대에 인정받지 못하는 경향이 있지만, 시간이 지날수록 평가가 올라갑니다. 마르셀 뒤샹이 "나는 내가 죽은 후 50년 혹은 100년 후 대중을 기다리고 싶다. 이들이야말로 내 관심을 끄는 사람들이다"라고 말한 건 그러한 맥락입니다. 미래 수요가 클수록 영향력이 크고, 영향력이 큰 작가들이 미술사에 살아남게 됩니다.

질문   **오늘날 현대 철학은 확실히 예술에 대한
언급이 많은 것 같습니다.
이것도 시대정신이라고 볼 수 있나요?**

데카르트가 주도한 서양의 근대 철학은 과학과 밀접하게 결탁하여 있었습니다. 이것은 이성 중심의 과학이 주도한 시대였기에 가능한 것입니다. 그러나 포스트모던 철학은 전통적인 이성 중심주의에 문제를 제

기하고 그것을 해체하는 걸 철학의 과제로 삼았습니다. 그래서 현대 철학은 과학과 결별하여 본능과 감성을 중시하는 예술과 가까워진 것입니다. 이것은 시대정신이라고 할 수 있습니다.

이제 예술은 과거처럼 종교를 위해 봉사하는 차원이 아니라 철학과 힘을 합쳐 경직된 형식에 매인 종교의 역할을 상당 부분 대신하게 될 것입니다. 그것은 충분히 가능한 일입니다. 예술이 추구하는 창조성은 곧 신성이고, 그것은 종교에서 추구하는 궁극적 이상이기 때문입니다. 예술은 종파 싸움이나 계몽에 의하지 않고서 인간 본성인 창조성을 발휘하게 하는 분야입니다.

질문　　**우리가 예술가는 아니지만,
예술가처럼 창조적 인간이 되기 위해서
어떤 노력이 필요합니까?**

창조는 모방의 반대말이고, 모방은 남을 따라 하는 것입니다. 그리고 남을 모방하지 않으려면 자기 본성에 충실해야 합니다. 자기 본성과 개성을 찾는 건 창조적 인간이 되기 위해 가장 중요한 일입니다. 사회에서는 아무도 개성대로 살 것을 권장하지 않습니다. 오히려 각종 이념으로 획일화시키고, 학교 교육과 학문 역시 객관성과 보편성만을 강조하다 보니 개인의 개성을 억압하게 됩니다. 그래서 사회생활에 잘 적응하기 위해서는 가면을 쓰고 자기 본래의 순수한 개성을 버려야 합니다. 일반적으로 "사회생활을 잘한다"라는 말은 "가면을 잘 쓴다"라는 말과 동의어가 되어버렸습니다. 그리고 가면에 익숙해지면 그것이 진짜 자신을 대신하게 되어 창조력이 고갈되는 것입니다.

그러나 예술에서는 아무리 작품이 좋아도 다른 작품을 모방했다는 것이 발각되면 범죄시합니다. 예술가에게 가장 필요한 능력은 남이 만들어 놓은 규정에 따라 사는 것이 아니라 자신의 본성에 의존하는 '반성적 판단력'에 따라 생활하는 것입니다. 훌륭한 예술가는 자기 본성을 누구보다도 신뢰하고 모든 문제의 해답을 스스로 갖고 있습니다. 이처럼 자기 믿음이 강해야 창조적인 미학적 인간이 될 수 있습니다. 아무리 좋은 말이라도 남이 정한 규정적 판단을 따라가다 보면 결국 노예적 인간으로 전락하게 됩니다.

질문　　**미술사의 맥락에서 과거와 다른**
컨템포러리아트의 특징은 무엇인지, 그리고
앞으로 예술이 어떻게 변하게 될지 궁금합니다.

장르별 구분이 사라져 한 작가가 회화, 조각, 설치, 사진, 영상 등 다양한 장르를 넘나들고, 일상과 예술의 경계가 사라진 것이 동시대 미술의 중요한 특징입니다. 이러한 현상을 단토Arthur Danto는 '다원주의'라고 부르고, 그 근거로 "예술의 종말"을 주장합니다. 그것은 모더니즘이 추구했던 예술의 순수성이 더는 이루어질 수 없는 상황에 직면했기 때문입니다. 그러나 그가 말하는 종말은 비관적인 상황을 의미하지 않습니다. 오히려 역사적 발전을 거듭해온 예술이 비로소 자기 자신을 올바르게 인식하고 제자리를 찾았다는 점에서 낙관적으로 봅니다.

단토는 서구 예술의 역사에는 예술에 대한 잘못된 믿음 체계가 내러티브를 형성하고 있었다고 봅니다. 가령 르네상스 시대에는 미술을 '재현'이라고 생각했는데, 동영상이 등장하여 재현을 더 잘하게 되자 재현의 내러티브가 종말을 고하게 되었다고 봅니다. 그리고 모더니즘에서는 재현에서 벗어나 예술에 대한 다양한 선언들과 더불어 예술의 본질을 고유한 매체의 물질성에서 찾게 되었다고 봅니다. 그런데 1960년 앤디 워홀의 팝아트의 등장으로 슈퍼에서 파는 상품과 작품이 지각적 차이가 사라짐으로써 시각적 특징으로 규정해온 예술의 역사가 종말을 고하게 되었다고 선언합니다. 그래서 예술은 이래야 한다는 강박에서 해방된 예술가들은 그들이 바라는 어떤 방식이나 목적으로든, 혹은 아무런 목적 없이도 자유롭게 예술작품을 만들 수 있게 되었다고 주장합니다. 단토가 정의하는 컨템포러리아트는 미술이 철학이 됨으로써 미술의 역사를 끝내고 양식의 자유를 얻게 되었다는 것입니다.

저는 예술의 본질이 시각적 형식이나 매체에 있는 것이 아니라 예술가의 창조적 의식에 있다고 생각합니다. 모더니즘 이전에는 예술의 자율성이 없었고, 모더니즘에서는 장르의 고유한 형식이나 '매체성'에서 자율성을 찾았다면, 컨템포러리아트는 인간의 '창조적 의식'에서 예술의 본질과 자율성을 찾고 있다는 것입니다. 그러면 매체나 장르의 구분이 아무 문제가 되지 않고, 삶과 예술의 경계가 사라져 예술은 인간의 일상적 삶 자체로 침투하게 될 것입니다. 이것은 혼란이 아니라 자유입니다. 이처럼 삶 자체가 예술이 되는 것이야말로 예술이 나아가야 할 궁극적인 지향점이라고 생각합니다. 자신의 무의식적인 습관이나 고정관념과 투쟁을 벌이며 매 순간 집중하여 보다 나은 생각과 행동을 선택하고, 주체적이고 창의적으로 당면한 문제를 해결해나가는 미학적 인간의 삶 자체가 바로 예술이라고 생각합니다.

질문	앞으로 4차 산업혁명과 인공지능 시대에
	예술은 과연 살아남을 수 있을까요?

단토가 주목했듯이, 미술을 재현이라고 생각했던 고전주의 내러티브를 종식하게 한 건 동영상이나 카메라의 발명이었습니다. 과학의 발전으로 기계가 화가의 일을 대신에 하자 화가들은 기계와 경쟁하는 대신 그림의 방향을 기계가 할 수 없는 쪽으로 바꾸었습니다.

마찬가지로 4차 산업혁명으로 인해 예술은 또다시 변곡점을 맞이할 것입니다. 이미 인공지능이 미술뿐만 아니라 작곡과 오페라를 만들고 소설을 쓰기도 합니다. 기계가 스스로 학습하는 '딥러닝'을 활용해 많은 양의 데이터를 축적하고 고유한 양식을 단기간에 반복 학습하여 전에 없던 창작물을 만들어낼 수 있게 된 것입니다. 머지않아 인공지능이 미술가의 붓을 대신하는 수단을 넘어 인공지능 예술가가 활동하는 시대가 올 것입니다. 그리고 예술작품의 창조를 넘어서 작품에 대한 평가와 큐레이팅의 영역까지도 대신하게 될 것입니다.

바둑에서 인류 대표 이세돌을 인공지능 알파고가 꺾은 것처럼, 예술가들도 인공지능 화가들에게 강력한 도전을 받게 될 것입니다. 이세돌은 이 세기의 대결에서 인공지능도 예상치 못한 78수로 기적적인 한 번의 승리를 거두게 되는데, 그 수를 "신의 한 수"라고 부릅니다. 이제 학습 능력에서는 인간이 인공지능을 따라잡을 수가 없습니다. 예술가는 이제 인공지능을 당황하게 할 "신의 한 수"를 물고 늘어져야 합니다.

인공지능이 따라오기 가장 어려운 인간의 장점은 복잡한 문제를 스스로 해결할 수 있는 창조성과 정서적 공감 능력입니다. 인간을 로봇처럼 바꾸는 것은 가능하지만, 로봇이 인간이 되게 하는 일은 불가능합니다. 인간의 감정만큼 복잡한 메커니즘이 없습니다. 타인의 감정을 느끼고 공감하는 능력은 인공지능이 쉽게 넘볼 수 없는 영역입니다. 인간에게는 타인뿐만 아니라 자연이나 우주와 공명하고 소통할 수 있는 신성이 있습니다. 기계가 감히 따라올 수 없는 이러한 감성 능력이 어느 때보다도 중요한 시대입니다. 이것이 우리가 '미학적 인간'으로 살아가야 할 이유입니다. 미학적 인간이야말로 인공지능으로부터 가장 멀리 떨어져 있는 인간이기 때문입니다.

맺음말

코로나 이후의
사회변동과 미학적 대안

현재 지구촌을 뒤흔들고 있는 코로나19 팬데믹으로 우리는 그동안 경험하지 못한 혼돈과 불확실한 시대를 살고 있습니다. 과거에도 전염병은 있었지만, 이처럼 전 세계적 대유행은 처음인지라 불안과 혼돈의 강도가 다른 것 같습니다. 이로 인해 우리는 정치, 경제, 외교, 교육, 문화 등 사회 전반에 걸친 전방위적인 변화를 요구받고 있습니다. 지금은 어느 때보다도 창조적인 문제 해결 능력과 순발력 있는 적응이 필요한 시기입니다. 이 격변기를 거치면서 인류는 새롭게 기회를 잡아 떠오르는 사람과 기존의 관습에 얽매여 도태하는 사람으로 극명하게 나뉠 것입니다.

지금 사회는 지역사회 감염을 차단하기 위해 국가 간의 이동이 줄어들고, '사회적 거리두기'가 요구되고 있습니다. 각종 모임과 사람 간의 만남이 줄어들고, 재택근무나 비대면 수업이 확대되는 등 '언택트' 시대가 열리면서 우리의 생활 양식이 바뀌고 있습니다.

이러한 변화는 도래하는 4차 산업혁명과 문화의 시대를 재촉하는 계기가 될 것입니다. 늦가을에 햇빛의 양이 줄어들면 나무들은 나뭇잎을 버립니다. 나무는 위기에 처했을 때 생존을 위해서 덜 중요한 비본질적인 것을 버립니다. 나뭇잎을 지키려 들면 뿌리가 약해져 나무 자체가 죽기 때문입니다. 우리도 살아가면서 버려야 할 게 있고, 버려도 될 게 있고, 버려서는 안 될 것이 있습니다. 버려서는 안 되는 것이 바로 본질입니다. 나무처럼 우리도 생존을 위해서 본질을 지키고 비본질적인 것을 과감하게 버려야 합니다. 그렇지 않으면 태풍에 나무뿌리 뽑히듯이 사멸할 것입니다.

코로나 사태로 인해 우리는 그동안 무의식적으로 행해오던 관습적 형식을 바꿔야 할 필요가 생겼습니다. 우리 사회에는 지금 버려야 할 비본질적인 관습과 적폐가 너무 많습니다. 지금은 우리 스스로를 돌아보고 비본질적인 것을 버려야 할 때입니다.

지금 한국 사회는 극도로 부패한 천민자본주의로 인해 빈부의 격차가 날로 커지고 있습니다. 자본주의 사회는 과거 봉건제와 달리 사회 계급이 경제력에 따라 결정됩니다. 그래서 자기보다 잘사는 부자를 보았을 때 상대적 열등감이 유난히 크게 느껴지는 것입니다. 과거에는 노예로 태어나는 것이 어쩔 수 없는 운명이었지만, 지금은 자기의 노력과 능력에 따라 처지가 바뀔 수 있기에 가난에 대한 자기 변명이 필요한 시대입니다. 그런데 빈부 격차가 정당한 요인이 아닌 부동산 투기 같은 것에 의해서 결정되기에 사회적 박탈감과 적개심이 더욱 커지는 것입니다.

니체가 '노예도덕'이라고 말했듯이, 실패자로 전락한 사람들은 소수의 성공자에 대한 '원한감정ressentiment'을 갖고, 질투와 증오심으로 불타게 됩니다. 이러한 노예적 인간의 피해의식은 정치적 인간의 좋은 먹잇감이 됩니다. 정치적 인간에게 가치는 권력을 위한 다수의 이익입니다. 그들은 평등을 명분으로 불평등한 사회구조에 분노하고 있는 다수의 원한감정을 이용하고 선동합니다. 그리고 그들의 적개심을 성공한 기업이나 소수의 부자, 의사 같은 사회적 엘리트층을 향하게 하여 풀어줍니다. 노예적 인간은 자신의 실패를 누군가의 탓으로 돌리려고 하기에 이들의 암묵적 계약은 쉽게 이루어집니다.

노예적 인간은 자신보다 성공한 사람들을 자기 수준으로 끌어내리고자 하면서 자신은 쉽게 그 자리에 올라가려는 모순적 욕망을 가지고 있습니다. 그리고 정치적 인간은 평등의 이데올로기를 계몽하면서 스스로 절대권력이 되고자 하는 모순된 욕망이 있습니다. 정치적 인간은 절대권력을 위한 욕망을 노예적 인간을 위한 평등의 미덕으로 포장하여 정의의 사도처럼 행동합니다. 그러나 결과적으로 이러한 평등의 구현은 인간의 상향 욕구와 숭고한 가치마저 박해하여 하향 평준화로 귀결됩니다. 그렇게 되면 사회는 주체성 없는 얼빠진 노예적 인간과 정치적 인간의 절대권력만이 남게 됩니다. 그리고 정의를 명분으로 온갖 부패가 이루어집니다.

이러한 일은 정치에서만 일어나는 것은 아닙니다. 종교에서도 절대권력을 차지하려는 정치적 인간과 자신의 죄를 쉽게 탕감받고 특별한 혜택으로 복을 누리려는 노예적 인간의 환상적인 계약이 성사됩니다. 특히 사이비 종교일수록 교주의 절대권력과 교인들의 노예화가 매우 심각합니다. 종교에서 정치적 인간은 사람들의 죄의식을 자극하고 타 종교를 죄악시하여 적개심을 끌어내고 그것을 이용하여 권력을 유지합니다. 그리고 구원을 명분으로 온갖 부패가 이루어집니다.

우리 사회에서 일어나는 모든 타락은 노예적 인간의 나약함에서 비롯된 것입니다. 그들의 패배의식과 적개심은 정치적 인간의 먹잇감이 되기 때문입니다. 정치적 인간이 그들은 다루는 법은 간단합니다. 그들의 분노를 해소할 사냥의 대상을 만들어주면 됩니다. 그려면 불행에 대한 납득할 만한 해명이 이루어지고, 사냥감을 화형에 처함으로써 공동체의 희생양으로 삼게 됩니다.

16~17세기에 기독교에서 절대권력을 유지하기 위해 자행된 이러한 마녀사냥은 지금까지 정치적 인간이 절대권력을 잡는 데 중요 수단이 되고 있습니다. 현대 사회에서도 여전히 이것이 통하는 이유는 노예적 인간의 피해의식이 양태만 바뀌었지 그대로 유지되고 있기 때문입니다. 시간이 지나면 자신이 정치적 인간들에게 이용당했다는 걸 알게 되지만, 노선을 바꾸는 순간 그는 배신자로 낙인찍혀버립니다.

우리 사회의 모든 문제는 노예적 인간의 피해의식과 그것을 이용하는 정치적 인간의 권력욕이 결탁하여 만들어낸 것입니다. 이러한 악의 고리에서 빠져나오려면 노예적 인간이 각성하여 미학적 인간으로 변하는 길밖에 없습니다.

미학적 인간은 사회적 실패를 실패라고 생각하지 않고 가난이 죄라고 생각하지 않기에 피해의식이 없습니다. 그들에게 실패는 자신의 창조력을 발휘할 기회일 뿐입니다. 그들은 비본질적인 가치에 무관심하고 존재 자체에 감사하고 오직 창조적 미의식에서 행복을 찾습니다. 그들은 남에게 의존하거나 어떤 소속에 기대어 혜택을 누리려 하지 않고 주체적으로 살면서 자신의 잠재 능력을 발휘하기에 사회적 성공과 무관하게 항상 행복합니다. 또 남과 공감할 수 있고 자신의 행복을 위해 남에게 선한 영향력을 줄 수 있기에 빈부 격차와 자본주의의 문제가 저절로 해결됩니다.

그들은 누구와도 비교할 수 없는 자신만의 개성과 자존감이 있기에 스스로 평등함을 느낍니다. 평등은 이처럼 모두가 미학적 인간이 되어 제 빛깔을 드러낼 때만 가능한 것입니다. 이런 사람에게는 정치적 인간의 손길이 개입할 여지가 없습니다. 우리가 진정 싸워야 할 대상은 여당도 야당도 특정 종교도 아닙니다. 그것은 피해의식에 젖어 남을 비방하고 자신은 특별한 혜택을 누리려는 노예의식입니다. 그것을 용인하다 보면 자신도 모르게 노예적 인간으로 전락하게 됩니다.

오늘날 코로나 사태가 만든 비대면 사회는 우리 사회에 깊이 뿌리내리고 있는 기존의 정치적 권력을 무너뜨리는 계기가 될 것입니다. 과거 대면 사회에서는 권력이 언론을 장악하고 통제하기가 쉬웠습니다. 그러나 비대면 사회는 정보통신기술의 발달로 그러한 통제가 어렵게 되었습니다. 이제 대부분의 일이 물리적 공간과 거리를 초월하여 이루어지게 됨으로써 개인은 다양한 정보를 쉽게 접할 수 있습니다. 과거에는 주요 언론에 모든 정보를 의존했지만, 이제는 인터넷을 통해 다양한 정보를 접할 수 있습니다.

이제 사람들은 더는 언론에 세뇌당하지 않고서도 정치적 인간의 꼼수를 알 수 있습니다. 이제 학생들은 학교의 권위에 의존하지 않고 다양한 방식으로 자신에게 필요한 지식을 섭취할 수 있습니다. 이제 종교인들은 종파의 교리와 형식에 얽매이지 않고서도 진리를 탐구할 수 있습니다. 예술은 기존의 방식을 통하지 않고서도 세계인들과 교감할 수 있고, 경제는 기존의 매출 방식에 의존하지 않고서도 새로운 활로를 개척할 수 있습니다.

그동안 철옹성처럼 단단했던 관습적 형식들이 댐 무너지듯이 붕괴하면서 이제 모든 분야에서 형식을 자유롭게 할 미학적 인간이 요청될 것입니다. 그들은 더는 재야의 고수가 아니라 새 시대에 존경받는 주인공들입니다. 그들은 본질에 대한 인문학적 통찰과 창조적인 문제 해결 능력으로 새로운 세상을 주도할 것입니다.

겨울에는 나무들이 도무지 꽃을 피울 거 같지 않지만, 봄이 되면 언제 그랬냐는 듯이 갑자기 꽃망울을 터뜨리기 시작합니다. 이제 과거처럼 학벌에 의존하고 줄을 잘 서서 성공하는 시대는 종말을 고하고 있습니다. 이제는 자기만의 개성과 능력을 살려서 남이 따라 할 수 없는 전문성과 콘텐츠를 갖추어야 합니다. 주체적이고 창의적으로 살면서 남에게 유익을 줄 수 있는 사람, 그가 바로 제가 생각하는 미학적 인간입니다. 우리는 이제 자신을 돌아보고 이 혼돈의 시대 이후 도래할 새로운 시대를 준비해야 합니다. 이것이 코로나 바이러스가 우리에게 주는 계시이자 경고라고 생각합니다.